重庆市出版专项资金资助

本著作是2019年重庆市社会科学规划项目《"合川钓鱼城"摩崖题刻及碑刻文献整理研究》（项目编号：2019YBWX123）研究成果。

唐建强　林豪　著

合川钓鱼城摩崖题刻及碑刻文献整理研究

古钓鱼城

重庆出版集团
重庆出版社

图书在版编目（CIP）数据

合川钓鱼城摩崖题刻及碑刻文献整理研究 / 唐建强，林豪著. -- 重庆 : 重庆出版社, 2024. 9. -- ISBN 978-7-229-18865-8

Ⅰ. K877.42

中国国家版本馆CIP数据核字第2024JK8467号

合川钓鱼城摩崖题刻及碑刻文献整理研究
HECHUAN DIAOYUCHENG MOYA TIKE JI BEIKE WENXIAN ZHENGLI YANJIU
唐建强　林　豪　著

责任编辑：何　晶　阚天阔
责任校对：何建云
装帧设计：李南江

重庆出版集团
重庆出版社　出版

重庆市南岸区南滨路162号1幢　邮政编码：400061　http://www.cqph.com
重庆出版社艺术设计有限公司制版
重庆市国丰印务有限责任公司印刷
重庆出版集团图书发行有限公司发行
E-MAIL:fxchu@cqph.com　邮购电话：023-61520646
全国新华书店经销

开本：787mm×1092mm　1/16　印张：13　字数：220千
2024年9月第1版　2024年9月第1次印刷
ISBN 978-7-229-18865-8
定价：68.00元

如有印装质量问题，请向本集团图书发行有限公司调换：023-61520678

版权所有　侵权必究

前言

本成果是重庆市社会科学规划项目《"合川钓鱼城"摩崖题刻及碑刻文献整理研究》（项目编号：2019YBWX123）的研究成果。本项目组成员一共五人：唐建强、林豪、林启柱、陈勇阳、熊宪光。重庆工商大学派斯学院教师唐建强、林豪两人主要负责了项目成果专著的撰写工作，两人排名不分先后，并为第一作者。重庆工商大学教师林启柱、陈勇阳两人，以及西南大学熊宪光先生主要负责了项目研究方向指导、调研材料分析、成果校对等工作。同时，该成果也是重庆市教育科学规划项目《新时代我市中小学传承发展中华优秀传统文化的问题研究》（项目编号：2019—GX—458）研究成果之一。本研究是对重庆合川钓鱼城摩崖题刻及碑刻的文献整理，搜集了宋代至当代钓鱼城中留存的题刻及碑刻，对其镌刻年代、所处位置、存佚情况、文字内容等方面进行了阐述和考证，并附有图片，较为全面地反映了钓鱼城摩崖题刻及碑刻的面貌。

本研究与前人研究成果相比，大致有以下突出特点：

1. 在搜集钓鱼城题刻及碑刻的数量方面超过了前人，共计144方。据笔者调研统计，截至目前，关于合川钓鱼城相关著作中，其对钓鱼城题刻及碑刻收录大多不超过100方。本研究除收录残存待考的题刻及碑刻外，

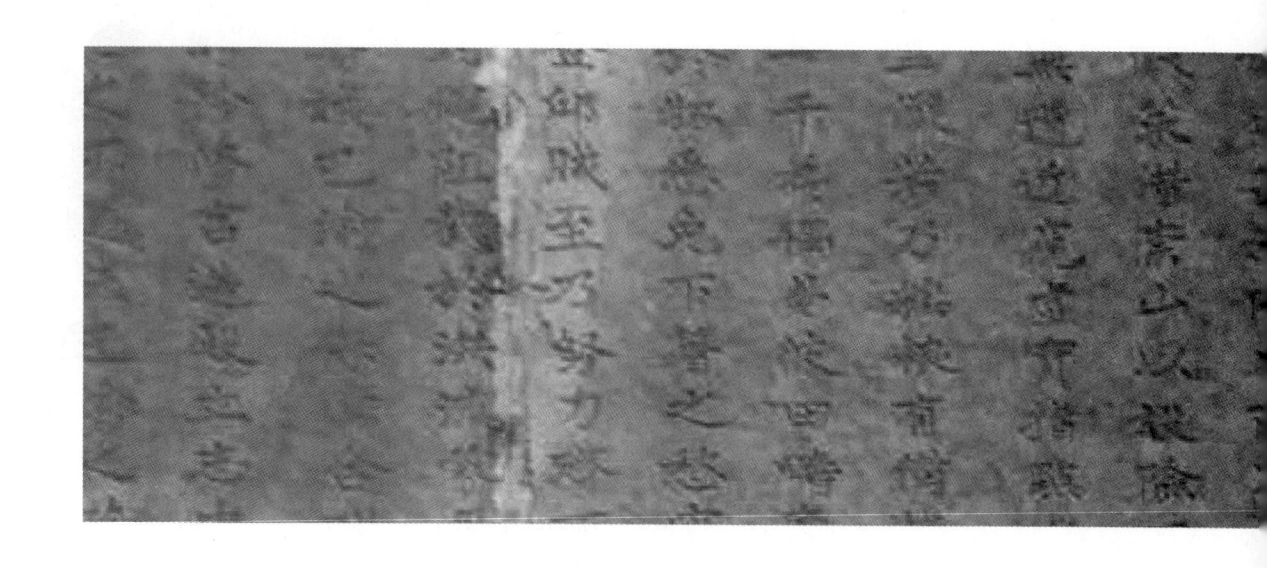

还收录了前人忽略的部分：如曹学佺《蜀中名胜记》引《舆地碑目》中的东沂尉行之等记游、家渔归题诗记游、王鲁望记游、新南剑州使君饯别；又如朱孟震《河上楮谈》中提及的石头和尚《草庵歌》题刻；再如万历《重庆府志》中何悌《游钓鱼山记》和郑知乐《钓鱼城史迹钞后语》都提到的宋末进士题名记等。以上石刻可能有的已不见，有的尚未发现，但收录于此，则有存史之用及利于继续研究。

2.在题刻及碑刻的文字内容整理方面，做了进一步的校勘和考证，纠正了前人的失误，弥补了前人的一些疏忽之处。如《新建王张二公祠堂记》中的篆书者费颐，因碑刻较为模糊，"顾"字与"颐"字相近，前人误识为费愿，经查万历《合州志》科贡，当为费颐。如陈大文的《钓鱼城功德祠》，前人以为是陈大文任合州知州时所立，笔者根据民国《合川县志》及道光《重庆府志》中的相关记载，考证出陈大文只是担任过合州吏目，未担任过合州知州，而此碑是陈大文任重庆知府时所立。还有多处校勘与考证，此处不赘，详见后文注释和笔者按语。

3.对不同时期的题刻及碑刻的特征和价值做出了总结。前人仅是将题刻及碑刻按内容做了大致分类，未见涉及其特征与价值的探究，笔者对此有所尝试，将宋代至当代每个时期的题刻及碑刻的特征和价值做了初步总结，见之后各章。

4.在插图方面，力求真实和清晰，图文并茂地展现了摩崖题刻及碑刻的面貌。前人的著作中虽有插图和拓片，但有的因拍摄原因并不清晰，有

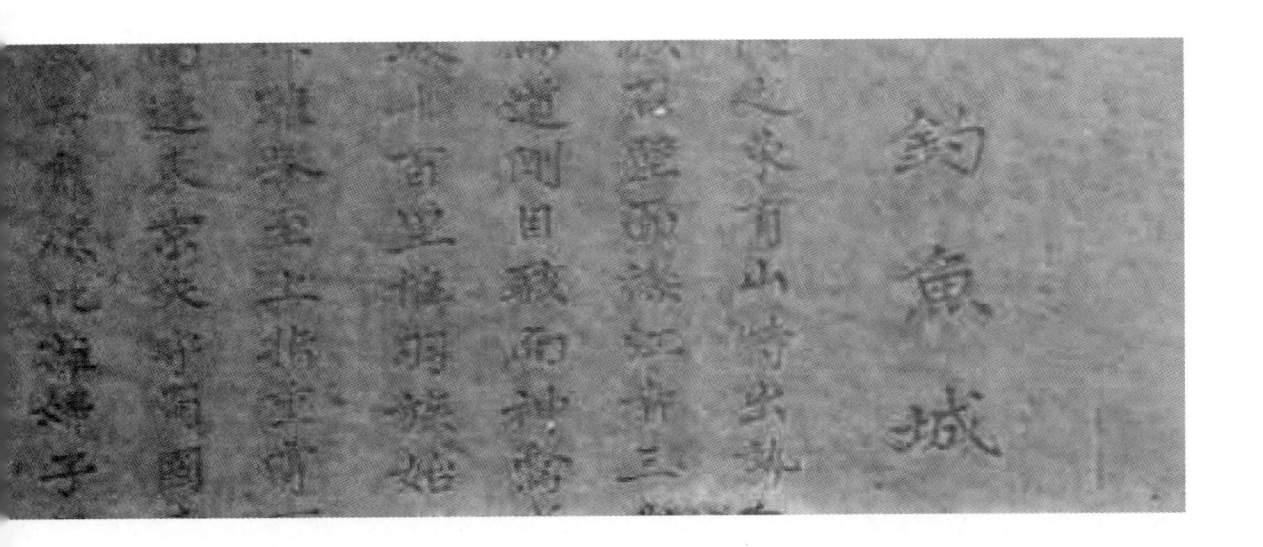

的并非每一处都附有图片，因此，本研究除了对少数现已不可见的题刻未配图外，其余皆有插图。又因笔者条件所限，在王坚纪功碑、镇西门旁题刻部分利用了拓片，在梁白泉题诗部分利用了钓鱼城历史文化博物馆中的照片，然而其余插图皆为笔者多次实地考察拍摄而得。

本研究成果是在前人已有研究基础上取得，重点参考了刘道平的《钓鱼城的历史与文化》、钟秀金和池开智等主编的《钓鱼城陈列展示文丛》、王利泽和王中格编的《钓鱼城》、蒋晓春和蔡东洲等编的《南宋末川渝陕军事设施的调查研究》等四部书，还有其他相关文献，除随文有所注明外，在参考文献中也有罗列。另外，合川区作家协会的沈刚先生提供了钓鱼城摩崖题刻及碑刻的部分拓片图，在此一并致谢。

编者
2023年5月

目录

前言　001

钓鱼城摩崖题刻及碑刻研究现状述略　001

第一章　宋代摩崖题刻及碑刻

第一节　宋代摩崖题刻及碑刻分类　011

(一) 记游、饯别类　011
　1. 吕元锡记游　011
　2. 杜国光饮饯　013
　3. 丁梦臣饯别　014
　4. 赵炳记游　015
　5. 吕交修记游　018
　6. 朱涣题诗记游　019
　7. 东沂尉行之等记游　020
　8. 李壁记游　020
　9. 赵希昔酌别　021
　10. 赵希昔饮饯　023
　11. 家渔归题诗记游　024
　12. 王鲁望记游　025
　13. 新南剑州使君饯别　025
　14. "八日讲"残刻　026

　　　　15.中秋记游残刻 026

　(二) 题字 028
　　　　1.佛号摩崖 028
　　　　2."飞舄楼"碑刻 029
　　　　3.王休题字 030

　(三) 与钓鱼城战事相关 032
　　　　1.王坚纪功碑 032
　　　　2.土地岩题刻 034
　　　　3.镇西门旁题刻 035
　　　　4."圣宋以仁立国"题刻 036

　(四) 其他 037
　　　　1."神有情"题刻 037
　　　　2.石头和尚《草庵歌》题刻 037
　　　　3.宋末进士题名记 040

第二节　宋代摩崖题刻及碑刻的特征及其价值 042
　(一) 宋代摩崖题刻及碑刻的特征 042
　(二) 宋代摩崖题刻及碑刻的价值 043
　　　　1.证明钓鱼城是游览胜地 043
　　　　2.反映钓鱼城是佛教名山 043
　　　　3.为钓鱼城的宋蒙战争提供佐证 043
　　　　4.反映宋室南渡后宗室四处散居的史实 044

　附：元代 045

第二章 明代摩崖题刻及碑刻

第一节　明代摩崖题刻及碑刻分类 049
　(一) 题诗 049
　　　　1.徐澜题诗 049
　　　　2.李尚德题诗 050
　　　　3.五岳山人陈文烛诗碑 051
　　　　4.居来山人张佳胤诗碑 053
　　　　5.王世沉题诗 056

　(二) 记游 057
　　　　1."鱼城胜概"题字 057
　　　　2."鱼城三友"记游 058

(三) 建祠碑刻 059
　　《新建王张二公祠堂记》 059

(四) 其他 063
　　"独钓中原"石坊 063

第二节　明代摩崖题刻及碑刻的特征及其价值 064

(一) 明代摩崖题刻及碑刻的特征 064

(二) 明代摩崖题刻及碑刻的价值 064
　　1. 反映出对钓鱼城抗战的肯定及对王、张二人忠义精神的赞扬 064
　　2. 为文学之士张佳胤与陈文烛的交游提供佐证 065

第三章　清代摩崖题刻及碑刻

第一节　清代摩崖题刻及碑刻分类 069

(一) 忠义祠相关碑刻 069
　　1.《重建钓鱼城忠义祠记》 069
　　2.《钓鱼城功德祠》 071
　　3.《培修贤良祠碑记》 073
　　4.《重修钓鱼城忠义祠碑记》 075
　　5. 忠义祠祭台祝文石刻 079

(二) 护国寺相关碑刻 080
　　1.《永垂万古·积善标名》 080
　　2.《护国寺捐修山门记》 082
　　3.《新修罗汉·永远碑记》 083
　　4.《重修护国寺碑记》 084
　　5.《培修护国寺碑记》 086
　　6.《增修护国寺碑记》 087
　　7. 护国寺大门及楹联石刻 088
　　8. 护国寺住持胜丛墓碑题诗 089
　　9. "护国名山"石坊 090

(三) 佛教造像及补修题记 091
　　1.《祈嗣碑》 091
　　2.《重装彩修千佛金身碑》 092
　　3. 三圣龛造像题记 093
　　4. 飞来寺外敬装观音像题记 094

5.飞来寺外重装观音像题记　095

（四）**题诗**　096

　　1.明代卢雍诗题刻　096
　　2.陈大文题诗　098
　　3.沈怀瑗题诗　100

（五）**题字和记游**　101

　　1."鱼山八景"题刻　101
　　2.沈怀瑗"钓鱼城"题字　104
　　3.朱宗敏题"福"字　105
　　4.朱宗敏记游　106
　　5.朱宗敏题字　107
　　6.朱宗言题字　107

（六）**其他**　108

　　1."古迹永垂"碑记　108
　　2.《勘定钓鱼城义田界记》　109
　　3.严禁挪用寺庙财物碑记　113
　　4."福"字屏及照壁楹联　114

第二节　清代摩崖题刻及碑刻的特征及其价值　116

（一）**清代摩崖题刻及碑刻的特征**　116

（二）**清代摩崖题刻及碑刻的价值**　116

　　1.反映了忠义祠的演变以及对相关人物的评价问题　116
　　2.反映了护国寺在清代的发展以及佛教活动的兴盛　117
　　3.反映了护国寺与山邻的田土纠纷以及护国寺和忠义祠管理不当的情况　118

第四章 民国时期摩崖题刻及碑刻

第一节 民国时期摩崖题刻及碑刻分类 123

(一) 题诗 123
    1. 官道尊题诗 123
    2. 戴美渠题诗 124
    3. 刘总百题诗 126
    4. 方智题诗 127
    5. 孙元良题诗 129

(二) 抗战时期国民政府军政要员题辞及碑记 129
    1. "忠勇坚贞"题辞 129
    2. 蒋中正题辞 130
    3. 何应钦题辞 130
    4. 白崇禧题辞 130
    5. 张治中题辞 131
    6. 万耀煌题辞 131
    7. 康泽题辞 132
    8. 施则凡题辞 132
    9. "民族之光"题辞 132
    10.《中央陆军军官学校特别训练班十周年纪念碑记》 133

(三) 其他 134
    "古钓鱼城"题字 134

第二节 民国时期摩崖题刻及碑刻的特征及其价值 136

(一) 民国摩崖题刻及碑刻的特征 136

(二) 民国摩崖题刻及碑刻的价值 136
    1. 反映出团结抗战的民族精神 136
    2. 反映出对王立、熊耳夫人的评议仍在继续 137

第五章 新中国成立之后的摩崖题刻及碑刻

第一节 新中国成立之后的摩崖题刻及碑刻分类 141

一 分散各处的题刻 141
1. 周北溪书南宋文天祥《悼制置使张珏》诗 141
2. 戴蕃瑨题辞 142
3. 郭沫若题诗 143
4. 颜明题诗 144
5. 杨超题辞 145
6. 陈毅题诗 146
7. 黄文庆书清代罗惜《钓鱼城赋》题刻 147
8. 周浩然书南宋刘克庄《蜀捷》题刻 149
9. 现代"钓鱼城"题刻 152

二 雄关险道题刻 152
1. 李鹏题辞 153
2. 邹家华题辞 154
3. 周谷城题辞 155
4. 钱敏题诗 156
5. 王蒙题辞 157
6. 苏星题辞 158
7. 何郝炬题辞 159
8. 何若泉题辞 160
9. 刘白羽题诗 161
10. 张殷白题诗 162
11. 林默涵题辞 163
12. 邓少琴题辞 164
13. 胡昭曦题诗 165
14. 王利器题诗 166
15. 陶道恕题词 167
16. 罗中典题辞 168
17. 邓茂华题辞 169
18. 黄乾孟题辞 169
19. 张云鹤题辞 170
20. 魏宇平题词 170
21. 梁上泉题诗 171
22. 孙云东题辞 172
23. 徐无闻题词 173

  24. 易锦章题辞　174
  25. 许志杰题辞　175
  26. 梁白泉题诗　176
  27. 段文杰题辞　176
  28. 邢涛题辞　177

第二节　新中国成立之后的摩崖题刻及碑刻的特征及其价值　178

一　新中国成立之后的摩崖题刻及碑刻的特征　178

二　新中国成立之后的摩崖题刻及碑刻的价值　178
  1. 反映了当代对钓鱼城的宣传和开发过程　178
  2. 体现出当代对钓鱼城精神的继承和发扬　179

附：钓鱼城现存有待考证的摩崖题刻　180

参考文献　191

钓鱼城摩崖题刻及碑刻研究现状述略

重庆市合川区的钓鱼城，是全国重点文物保护单位、国家级风景名胜区、古战场遗址，因宋蒙（元）之战而闻名于世。公元1243年至1279年，合州钓鱼城军民在宋蒙（元）战争中以弹丸之地抗战守土36年，使蒙古帝国最高统帅蒙哥大汗（元宪宗）负伤而亡，使进攻临安甚至远征欧亚的蒙古军撤回，在一定程度上延长了宋祚。

钓鱼城在未筑城之前称为钓鱼山，是当时著名的旅游胜地（南宋王象之《舆地纪胜》和祝穆《方舆胜览》皆有记载），山上还建有护国寺，有佛教的摩崖造像，文人墨客到此游玩之后，留下了大量的题刻。宋蒙（元）之战后，钓鱼城在元代曾一度被荒废，明代中期随着王张祠（清代称忠义祠）的设立，来此凭吊怀古及游玩之人逐渐增多，钓鱼城又恢复了生机。清代、民国时期及新中国成立以来，钓鱼城历经兴衰交替，其内涵也日益丰富。

从宋代至今，钓鱼城内留下了大量的摩崖题刻及碑刻，是反映钓鱼城历史文化最直接的佐证，这些题刻及碑刻有的保存较好，有的已残缺剥落甚至消亡殆尽，然而目前对于钓鱼城的研究，多聚焦于历史、军事、旅游等方面，少有人对钓鱼城的摩崖题刻及碑刻进行专门研究。所幸有识之士在其专著或论文中对题刻及碑刻有所关注，保存了相关信息，并取得了重大进展，对后世研究具有重要的参考价值。以下将对钓鱼城摩崖题刻及碑刻的相关研究情况作一番大致梳理。

一、新中国成立之前对钓鱼城摩崖题刻及碑刻的关注

明代曹学佺《蜀中名胜记》卷十八合州部分引南宋王象之《舆地碑目》对钓鱼城摩崖题刻收录有7方，按照常理，对钓鱼城题刻的关注应始于王象之，但笔者遍查《舆地碑目》，其记载甚略，并未见有此7方题刻，因《舆地碑目》应是明代人从王象之《舆地纪胜》中抽出而单独刊行，故又查《舆地纪胜》，亦未见此7方题刻。或许曹学佺所引《舆地碑目》另有别本，抑或曹学佺所引内容出自他书而误为《舆地碑目》，不可得知，姑且存疑。为保守起见，笔者认为对钓鱼城摩崖题刻的关注应始于曹学佺。

1921年，合川人张森楷编的《民国新修合川县志》卷三十六金石部分收录宋代摩崖题刻9方，明代摩崖题刻5方，每种题刻均注明尺寸大小，并附有张森楷的案语。按照张森楷的构想，本打算遍搜境内金石文字，但事与愿违，实际仍有遗漏，因为他是雇工去拓印的，可能并没有亲自实地勘察，而且《县志》凡例中说，金石收录的时间范围止于明代，所以其中与钓鱼城相关的摩崖题刻也仅收录有14方，实为遗憾。值得一提的是，这是合川方志中首次对钓鱼城摩崖题刻进行收录，而且张森楷的案语颇具参考价值。

1942年6月，郭沫若游览钓鱼城，写下《钓鱼城访古》一文，初载于《说文月刊》第3卷第7期（1942年8月15日），后收录于《郭沫若全集》历史编第3卷（人民出版社，1984年版）。文中介绍了钓鱼城的基本史实，并整录了三种关于钓鱼城忠义祠的碑文，一是明代正德十二年（1517年）合州知州佘崇凤立的《新建王张二公祠堂记》，二是清代乾隆四十四年（1779年）陈大文立的《钓鱼城功德祠》，三是光绪七年（1881年）华国英立的《重修钓鱼城忠义祠碑记》。郭沫若通过这三种碑文的记载，对钓鱼城的相关人物作了简要评议，他反对陈大文将投降元朝的王立和熊耳夫人列入功德祠，说"这简直是十足的顺民理论"，赞成华国英将王立和熊耳夫人移出忠义祠的举措，他还写了一首诗，诗的最后一句是"二臣妖妇同祠宇，遗恨分明未可平"。因碑文保存至今难免有所风化，郭沫若此文整录的三种碑文对后世研究提供了参考和便利，至于其观点，此处暂不议。

另据唐唯目《钓鱼城志》（重庆出版社，1983年版）载，1944年，合川人郑知乐编有《钓鱼城史迹钞》，其书虽已失传，然其编纂体例仍可见，

存于民国三十三年《合川日报》六月十四、十五、十六日的版面之中。其凡例第三条石刻考存说：

"鱼山之石刻，宋以前则全渺，《县志》之金石，断于明代，又不尽录。余此钞无论文之工拙，字之美恶，除山僧财产，士绅修及颂扬佛门功德外，均尽量选录。因鉴于癸未秋大雨缠绵近月，山中胜迹，如站佛岩崩坠山下，岩间之古刹，亦因之残损，古人谓山河易改，于此可证，故余宁滥勿阙也。例如唐石头和尚《草庵歌》已不可寻，又如千手观音岩有宋人科名题石，民初尚可读其年代姓名之一部分，今已蚀，而《县志》又失载，惜无可参也。至今墨笔所书，白垩所记，涂满墙壁佛身，污秽名胜古迹，余遍读之，既无当受碧纱笼者，此并缺焉。石刻摩岩、碑志、书楔三类，纪其尽尺度、书体，并《县志》误笔（如'独钓中原'，《县志》误考为北宋人书之类），及著者履历，亦间考附于末。其他木刻扁对，与抗元有关者，则附于后。"

由此可知，此书于钓鱼城摩崖题刻及碑刻辟有专章，附有考证，应颇具价值，然其书已失传，无从得见，引以为憾。

以上对钓鱼城摩崖题刻及碑刻的关注，曹学佺的《蜀中名胜记》和张森楷的《民国新修合川县志》有保存文字之功，郭沫若的文章是将碑文作为撰文依据，郑知乐的《钓鱼城史迹钞》初具整理的雏形，都为后世研究者提供了参考价值。

二、新中国成立以来对钓鱼城摩崖题刻及碑刻的研究

新中国成立以来，首次关注钓鱼城的是西南师范学院历史系师生，他们于1957年和1959年两次对钓鱼城进行实地考察，随即编有《钓鱼城史实考察》一书（四川人民出版社，1962年版），书中说在考察中拓印了一些碑刻，并首次发现了钓鱼城守将王坚的纪功碑，此碑虽已残缺，但因其和钓鱼城战事相关，意义非凡。

为方便叙述，以下对相关研究成果分为论文类和专著类。

（一）论文类

1981年在合川召开了钓鱼城历史学术讨论会，会议中的论文收录于西南师范学院历史系、合川县历史学会编的《钓鱼城历史学术讨论会论文资料集》。其中有两篇论文与钓鱼城摩崖题刻及碑刻相关，一是戴蕃瑨、罗中典、徐绍稷的《钓鱼城几个历史问题的探讨》，文中罗列了宋代的题刻共计11方，有简要的介绍，但未出具题刻内容，只是作为文章第三点

"钓鱼山的发展径程"的撰文依据，又在文后的补记中说此次于《王坚纪功碑》中发现了比原先更多的石刻文字，也算是一点进展，但因原碑残缺严重，仍无法完全识读。二是唐昌朴的《钓鱼山碑记小议》，文中主要对明正德十二年《新建王张二公祠堂记》进行了评议，认为其碑文是关于王张祠的原始资料，后世州志如万历《合州志》及清代所编的《合州志》中对其碑文的收录各有遗误之处，故此碑对于重抄或翻印《合州志》可以起到校正的作用。

另外，在上述论文集中还有一篇合川县文物管理所的《钓鱼城文物风景区资源的调查与评价》，其中提到"宋乾道以降碑文二十二块，其中记述钓鱼城史迹的碑文十二块"，若这份数量统计仅指有宋一代，那就有参考意义，但文中没有说明具体情况，故仅存此以备考。

1990年，王川平发表《钓鱼城有关碑刻的初步研究》一文，载于《四川文物》，又被收录于《中国钓鱼城暨南宋后期历史国际学术讨论会文集》（重庆出版社，1991年）。文中将钓鱼城的碑刻分为两类，一是与钓鱼城战争无关的游历题刻、宗教题刻和民国时期的政治标语，二是记录、凭吊、纪念钓鱼城战争及战争中重要人物的碑刻，并对第二类碑刻作了探讨。作者重点评议了两种碑文，一是《王坚纪功碑》，认为"它洋溢着民族救亡图存的精神和英雄意识"；二是陈大文的《钓鱼城功德祠》，认为其将王立和熊耳夫人纳入功德祠中是客观公允的。最后总结道，钓鱼城的碑刻记录了钓鱼城的历史，反映了历代人们对钓鱼城的战与和、对相关人物评价的异同，这就构成了一种认识发展过程。

1994年，秦文玉发表《钓鱼城最早肯定王立、熊耳夫人的无名石刻诗文考》一文，载于《合川史学通讯》（1994年第6期）。作者说是根据王川平《钓鱼城有关碑刻的初步研究》一文中提到的"最早肯定妥协事件的题刻文字，应当是一位未署名的游人题记"的线索而作出的初步考证。秦文玉根据格律、对仗、诗意和残存的笔画痕迹，还原了残存的原诗，这是一个大胆的尝试，但其还原后的内容还值得商榷，此处暂且不议。他又进一步根据《钓鱼城功德祠》的碑文内容、落款印章和合州吏目沈怀瑷《步陈砚斋太守韵》一诗的韵脚，考证出无名石刻诗作者为撰写《钓鱼城功德祠》的陈大文。

1997年，刘基灿发表《钓鱼城碑刻初探》一文，载于《西南师范大学学报》（哲学社会科学版，1997年第4期）。文中将钓鱼城的碑刻分为五类，即筑城抗元之前的碑刻、钓鱼城之战后正面讴歌民族气节的碑刻、争议王立和熊耳夫人功过的碑刻、宋元以后的其他诗作、反映抗日战争史实的题刻，并选取了代表性碑刻进行评析。作者认为这些碑刻内涵丰富，"反映了钓鱼城各个时期的历史、文化、艺术与人的精神意识、审美思想，具有鲜明的社会性、时代性"，是钓鱼城文物旅游资源的重要组成部分。

2011年，黎春林发表《明"五岳山人"诗碑、"铜梁山人"诗碑考——兼与张森楷先生商榷》一文，载于《西南交通大学学报》（2011年5月，第12卷第3期）。文中认为"五岳山人"诗碑和"铜梁山人"诗碑是陈文烛和张佳胤交游的见证，也是判断他们行年的重要依据。因诗碑中没有纪年，张森楷在《民国合川县志》金石部分根据《明史·张佳胤传》考证到"铜梁山人"诗碑作于万历七年（1579年），作者认为有疑点，并根据《明神宗实录》、陈文烛《二西园文集》和张佳胤《居来先生集》相关材料，进一步考证出两块诗碑当作于万历三年（1575年）。

2015年，符永利发表《钓鱼城摩崖石刻造像的再考察》一文，载于《2015年钓鱼城国际学术会议论文集》。此文主要是对钓鱼城内宗教性质的摩崖石刻造像进行了考察，作者将造像分为了钓鱼台区、护国门区、飞来寺区、马鞍山区，并详细分析了其内容、形制及年代。文中涉及一些佛教造像题记，如千佛龛旁的乾隆十八年《祈嗣碑》和咸丰八年《重装彩修千佛金身碑》，三圣龛中的道光二十三年造像题记，飞来寺外的道光八年观音像题记和敬装观音像题记，其内容可与钟秀金主编的《钓鱼城陈列展示文丛》相关部分互为参照。另外，作者还发现千手观音龛（即王坚纪功碑处）的左壁有"乾元亨利贞"残字，右壁有"道光廿八年"残字，具有一定参考价值。

2016年，邹国力发表《抗战时期合川钓鱼城题刻的艺术价值及历史意义》一文，载于《红岩春秋》。文中简要列举了抗战时期钓鱼城的题刻，从书法的角度肯定了其艺术价值，从历史的角度认为题刻内容凝聚着抗战精神。

以上与钓鱼城摩崖题刻及碑刻相关的论文共计8篇，有的从宏观上对钓鱼城摩崖题刻及碑刻进行了大致分类，并分析了其中的内涵和价值，有的从微观上对某些题刻及碑刻进行了考证，有的列举了钓鱼城的局部石刻，留下了相关线索并具有参考意义。

（二）专著类

唐唯目编的《钓鱼城志》（重庆出版社，1983年版）是新中国成立以来第一部对钓鱼城综合记载的书，重在对相关史料的搜集，此书的第七章"文物和古战场遗址"对钓鱼城的石刻进行了梳理，收录了宋代至民国的摩崖题刻及碑刻共计33方。此章对大部分题刻及碑刻注明了年代，少数题刻附有按语，部分内容因考虑到保持原貌而未加标点，有少数文字疏于校勘。然此书出版较早，或因当时条件所限，能有如此成果，实为不易。

四川省合川县地方志编纂委员会编的《合川县志》（四川人民出版社，1996年版）对钓鱼城辟有专章，将摩崖题刻及碑刻单独列为一点，收录宋代至当代的石刻共34方，大部分注明了年代及所处位置，对于文字内容较短的石刻录有原文，加有标点，此外别无多余阐述，或因《县志》编排的篇幅所限，未能详尽。

刘基灿主编的《古钓鱼城》（天地出版社，2001年版）是一部综合介绍钓鱼城的书，在第五章"摩崖镌刻"中收录了宋代至当代的题刻及碑刻29方，另在其他篇章中散见的题刻收录有9方，共计38方。此章对收录的大部分题刻标注了年代及所处位置，对文字内容有标点断句，其特色是对题刻内容进行了大意阐释，颇有参考价值。

刘道平编著的《钓鱼城的历史与文化》（中央文献出版社，2006年版）也是一部综合介绍钓鱼城的书，其书第四章为"钓鱼城的摩崖题刻及碑记"，收录宋代至当代的石刻共计55方。此章对收录的大部分石刻注明了年代及所处位置，对石刻内容有标点断句，其特色是附有大部分石刻的插图，有些还是拓印版，为后世研究者提供了线索和便利。

钟秀金、池开智等主编的《钓鱼城陈列展示文丛》（西南师范大学出版社，2011年版）共有9辑，是一部较为全面展现钓鱼城历史文化的书，其中与钓鱼城摩崖题刻及碑刻相关的主要有三部分。第5辑《忠义祠及历代碑刻》收录了与忠义祠相关的和存于忠义祠的碑刻，还有与护国寺相关的碑刻及题刻，共计17方。第6辑《历代摩崖题刻》收录了宋代至当代的摩崖题刻及碑刻，共计43方。第7辑《雄关险道石刻》收录了当代名人的摩崖题刻，共计28方。另在第8辑《鱼山名胜风光》中还有两种佛教造像题记。《文丛》共计收录了90方摩崖题刻及碑刻，涵盖了宋代至当代的绝大部分，并附有大量的插图，多有珍贵的拓印版，其特色是图文并茂，较为全面地展示了钓鱼城的题刻及碑刻内容。

王利泽、王中格编的《钓鱼城》（重庆出版社，2012年版）也是一部综合介绍钓鱼城的书，此书第四章"碑刻校注"对钓鱼城题刻及碑刻的收录在数量和内容方面与钟秀金之书大同小异，其特色在于对石刻内容的校注，有利于对石刻内容进行深入了解，也为后世的继续整理研究提供了参考价值。

张文、孙丰琛编的《钓鱼城历史文献汇编》（重庆出版社，2020年版）重在史料的汇编，搜集了正史、杂史、别集、总集、笔记谈丛、方志、碑记中有关钓鱼城的资料，其中收录了宋代至清代的钓鱼城摩崖题刻及碑刻共计20方，仅录原文并注明出处，然其下限止于清代，其史料亦仍未搜尽。

蒋晓春、蔡东洲等编的《南宋末川渝陕军事设施的调查研究》（重庆出版社，2020年版）重在历史和考古研究，其中第四章为"钓鱼城地面文物"，第三节为碑刻与摩崖题刻，碑刻部分收录了宋代至清代的碑刻共计17方，摩崖题刻部分收录了宋代至当代的题刻共计115方，两部分共计132方，并对大部分碑刻及题刻有简要说明。此书在收录数量上是目前最多的，其中还有一些前人没有发现或关注的题刻，其提供的线索对继续研究有重要参考价值。

以上与钓鱼城摩崖题刻及碑刻相关的专著共有8部，收录了大量的摩崖题刻及碑刻的文字内容，有的进行了简要注释和说明，有的附有相关插图及拓片，虽有未尽之处，但已取得相当高的成就，为继续深入研究提供了参考和便利。

三、钓鱼城摩崖题刻及碑刻研究的成就与未尽之处

通过以上对钓鱼城摩崖题刻及碑刻研究现状的梳理，可以看出前人的研究有如下成就：

1.题刻及碑刻的搜集工作趋于完备，比如关于其年代、所处位置、存佚情况、数量的统计等。

2.题刻及碑刻的整理工作取得重大进展，比如关于其内容的点校、注释、拓印等。

3.对题刻及碑刻的探究取得一定成果，比如对其作了大致分类，有关于其内涵和价值的探讨、对某一题刻或碑刻的相关考证等。

但目前也存在一些未尽之处：

1.搜集工作仍有遗漏，比如有些现存的残刻未加以关注和收录。

2.整理工作仍不完善，比如对题刻及碑刻内容的点校、注释和考证还有些失误和疏忽。

3.对题刻及碑刻的探究仍有一定空间，比如对其内涵和价值的探讨还可继续深入。

宋代摩崖题刻及碑刻

第一章

第一节 宋代摩崖题刻及碑刻分类

一 记游、饯别类

1. 吕元锡记游

此题刻位于钓鱼台侧下方石壁，系南宋乾道三年（1167年）吕元锡知石照县时，邀宾客游钓鱼山后的记游题刻。观前人书中所附拓印图，此题刻尚较完整，后因有残缺，今人补修时却将某些文字覆盖，甚为遗憾。据张森楷民国《合川县志》卷三十六《金石》所录，将其内容补全如下：

> 予吏两属邑今五年，独未至此山为不满。乾道三年夏二十六日，开封张难老相率与三槐王正叔、汝阳王必先、涪上蒲大受、难老之弟坚老同来，穷高深之乐，坐岩壁之下，江天轩豁，缙云诸山，在指顾间，汲泉瀹茗，徜徉终日，不知六月之袢暑也。向晚，复放船自东江归城下。中国吕元锡题。

张森楷案：

右碑刻高三尺，宽三尺四寸，十一行，行十字，八分书，完好无泐。乾道三年，宋孝宗丁亥也。"袢"，《说文》："衣无色也。"《诗》："是亵袢也。"《毛传》言"是当暑袢延之服"。徐锴《说文系传》曰："袢，烦溽也。"此当用其义。钓鱼山下之流，三面皆有，此云东江，殆谓渠江欤？

俟考。

注：

吕元锡：民国《合川县志》卷六《官师谱》载："吕元锡，申国人，隆兴、乾道间知石照县事前后五岁。至乾道三年，乃同开封张难老、三槐王正叔、汝阳王必先、涪上蒲大受同游钓鱼山，题名于石。旧《志》失载，今据石刻补。"吕元锡为北宋吕公著后裔，因吕公著获赠申国公，故吕元锡以祖上荣称冠于前，申国，即今上海。

笔者按：

张森楷认为"东江"可能是渠江，较为合理。南宋王象之《舆地纪胜》卷一百五十九记载当时游钓鱼山的最佳路径："钓鱼山，在石照县东十里，涪内水在其南，西溪上流经其北，郡人游者以舟下涪水，舣而上，已乃绕山北沿西汉水而归，此游观之奇也。"即乘船从涪江往下至山之南面，登山游玩后在山之北面放船，沿嘉陵江顺流而下返回城中。渠江位于钓鱼山东北面，与嘉陵江在山之北汇合，或因当时地理方位还不够精确，但称渠江为"东江"，大致无误。

2. 杜国光饮饯

据张森楷民国《合川县志》卷三十六《金石》所录，系南宋乾道七年（1171年）杜国光为冯廷式饯别题刻，位于钓鱼台至卧佛之间的石径小道左方石壁上，赵希昔饮饯题刻之左，内容如下：

> □慈冯廷式之□涪陵乡人杜国光，拉浚仪赵□和若□饮饯□此，廷式之弟庆远偕行。乾道辛卯七月二日。

张森楷案：

右刻高二尺四寸，宽三尺七寸，七行，行六字，行楷书，泐五字。杜名国光，赵名彦和，与廷式酹岁寒亭，有题名可考。

笔者按：

题刻中称杜国光为"涪陵乡人"，即是合州人，据历代《合州志》中关于合州沿革的记载，隋开皇十八年（598年），合州改名为涪州；大业三年（607年），涪州改名为涪陵郡；唐武德元年（618年），改涪陵郡为合州。此处称涪陵，即用古称。

另，张森楷案语中提及杜国光酹岁寒亭，有题名可考，即指位于濮岩寺后山左方悬崖上的杜国光题刻，笔者亲眼所见，有部分文字被青苔覆盖。据民国《合川县志》卷三十六《金石》，其内容为："濮岩东州胜处，乾道辛卯立秋，杜国光偕赵彦和、冯廷式及其弟庆远，酹岁寒亭。"可见

此题刻与钓鱼城的杜国光题刻都为乾道辛卯年（1171年）所刻，可为佐证，然杜国光其人却难以查考。

3. 丁梦臣饯别

此题刻位于钓鱼台侧下方石壁，吕元锡记游题刻之左，系南宋淳熙元年（1174年）丁梦臣等在此饯别所刻，现已部分风化，据张森楷民国《合川县志》卷三十六《金石》所录，将其内容补全如下：

> 淳熙改元，丁梦臣、鲜于焯、游仲鸿、李撜、吕文渊、侯午中入奉廷对。冯怡、李充宗、赵师仁、希珏、梁义昭、何迈、丁梦锡、僧净觉饯于此，共挹江山之胜。日既夕，相与歌大江东去以祖之。十二月十三日。

张森楷案：

右石刻高四尺四寸，宽二尺二寸，六行，行十四字，二行、末行只九字，行书。《宋史·宗室表》，师仁为燕王德昭之七世孙，魏王惟正之六世孙，冯翊侯从说之来孙，荣国公世程之元孙，华原郡公令瑄之曾孙，从义郎子叔之孙，伯谟之弟五子也，淳熙中登进士第，见张乃孚《合州志》。希珏为舒国公惟忠之七世孙，韩国公从蔼之六世孙，彭城侯世岳之来孙，武翊郎令秘之元孙，承节郎子翼之曾孙，伯福之孙，师弸之子，师仁之族子也，亦见《宋史·宗室世系表》。

注：

淳熙改元：即南宋淳熙元年（1174年）。改元，帝王即位时或在位期间改变年号。淳熙是南宋孝宗在位的第三个年号。

入奉廷对：前往朝中参加殿试。

赵师仁、希珏：二人皆为宋宗室，赵希珏为赵师仁族子，见张森楷案语。另，据民国《合川县志》卷九《士族谱》，赵师仁应为赵师必（又称赵炳）同辈。

挹：此处意为挹胜，指观赏美景。

祖：出行时祭祀路神，引申为送行。

笔者按：

题刻中云"丁梦臣、鲜于焯、游仲鸿、李撜、吕文渊、侯午中入奉廷对"，张森楷根据题刻所记，在民国《合川县志》卷七《选举》中，将此

六人认为是合州本土人,有待商榷。其一,明清两代《合州志》并无此六人之记载,张森楷仅凭题刻所记,无其他佐证,实属推测。其二,游仲鸿籍贯有史为证,并非合州人,《宋史》卷四百列传第一百五十九载:"游仲鸿,字子正,果之南充人,淳熙二年进士第。"由此可知,即使此六人中有合州人,也不全是合州籍,或许还有途经合州的士子。

4. 赵炳记游

此题刻位于钓鱼台侧下方的石壁,丁梦臣饯别题刻之左,系南宋淳熙元年(1174年)赵炳等记游题刻,今已残缺,据张森楷民国《合川县志》卷三十六《金石》所录,内容如下:

> 淳熙改元，主上临轩，东蜀之士赵炳、黎昭、冬景旦、冯□、汝诚之、勾龙士奇同舟造□鱼山。袁□、□久、畴□三人讲□于此。腊日书，住山□信上石。

张森楷案：

上淳熙改元赴廷对者赵炳等来游留书，住山僧刻石。刻高尺有四寸，宽四尺五寸，十四行，行四字，八分书，泐七字。旧《选举志》无赵炳名，据此石后有嘉定甲戌赵希昔等饯别题名，称"敬书于先子石泉府君留题之后"，以官地称之，希昔，其子也。又嘉定己卯赵希昔饮饯刻石称"自先子登戊戌进士第"，则炳以淳熙元年甲午科四川类试举人，入对不中，至五年戊戌登第，脉络居然可寻，旧《志》竟不及之，殊嫌荒陋。然《宋史·宗室世系表》希昔父名师必，不名炳，则"师必"其谱牒名，"炳"其榜名，与其世系，详见《士族谱》。

笔者按：

张乃孚乾隆五十四年《合州志》卷十《人物》"流寓"载："赵师必，字仁益，自果迁合，居于纯阳。登淳熙戊戌进士，官至朝奉大夫，知石泉军。轻财喜士，家居食客常数十人。子三：希知、希昔、希得，皆好学能文。昔，黎州刺史。得，宣教郎。嘉定辛未，昔官于朝，与弟得，及其子与交，同日赐第集英，乡里荣之。"

据民国《合川县志》卷九《士族谱》载，合州治城的赵氏一族，原籍为宋皇族燕王一房，世居京师开封府。"祖子儁，以燕王五世孙官武节郎，靖康之变，宗族分散入蜀，至合州居焉。传子伯至，伯至子师必。"又载："师必，榜名炳，字石泉，宋淳熙元年以四川类试举人入奉廷对，五年戊戌科登姚颖榜进士。"

民国《合川县志》卷五十八《流寓》又载："赵师必，字仁益，宋宗室也。其先出自太祖第二子燕王德昭，三传为洋国公世绵，世绵生博平侯令虚，令虚生武节郎子儁，子儁生伯玉，是为师必之父，遭靖康乱，播迁入蜀，居果州之南充县。师必又自南充迁合，侨居纯阳山麓，乐其山川清美，风俗淳厚，遂著籍焉，改名炳。旋登淳熙五年戊戌科姚颖榜进士，累官朝奉大夫，知石泉军。为人轻财喜士，家居食客常数十人，因以义侠声闻于时。有子希知、希昔、希源、希得，皆好学能文，而希知、希源仕履无考。希昔登某年进士，历京朝官，终黎州刺史。希得登嘉定四年辛未科赵建大榜进士，与希昔子与交同榜。希昔犹官于朝，未及出也，有司以

闻，特诏希昔、希得、与交同日赐第集英，乡人荣之。"（《宋史·宗室世系表》。黄道中原稿。森楷案：旧合州《选举志》无"师必"名，而淳熙中进士有赵师仁。据《世系表》，名"师仁"者凡六，皆燕王房，不谂与"师必"自为一人，或"仁"为"必"之误，今两存，以俟考。）

由上可知，赵师必为宋宗室，其父因靖康之乱迁入蜀地，居南充，赵师必又迁入合州，改名赵炳，淳熙五年（1178年）登进士。然又有两处可疑者。其一，民国《合川县志》卷九《士族谱》称赵师必之父名伯至，卷五十八《流寓》又称其父名伯玉，未知孰是。其二，民国《合川县志》卷九《士族谱》称赵师必字石泉，卷五十八《流寓》又称赵师必字仁益，知石泉军，岂非自相矛盾？

5. 吕交修记游

此题刻位于卧佛头部的左上方石壁，系南宋绍熙元年（1190年）吕交修记游题刻，今已严重残缺，据拓印图及民国《合川县志》卷三十六《金石》，其内容如下：

> 绍熙改元郡守汲国
> 吕交修无弃以清明
> 日率长安母如愚子
> 发长江杜几伯扶资
> 中马三捷周臣普慈
> 杨文彦章蓬溪赵琳
> 君瑞族人郁□□□
> 溉放舟来寻□□□
> 胜积雨初霁□□□
> 色放怀举酒□□□
> 时□□□□□□□
> 仁明□□□□□□
> 住僧□□□□□□

注：吕交修，淳熙十六年（1189年）以朝奉大夫守合州，称汲国者，是北宋哲宗时期宰相汲国公吕大防之后裔。

笔者按：

明代曹学佺《蜀中名胜记》（明刻本）卷十八引《舆地碑目》，录有七则关于钓鱼山的题刻，此题刻即在其中，且与石刻文字略有不同，其引《舆地碑目》云：

"绍熙改元，郡守汲国吕交修无弃，以清明日率长安母如愚子发、长江杜几伯扶、资中马三捷周臣、普慈杨文彦章、蓬溪赵琳君瑞、族人郁某，既放舟来寻钓鱼城之胜，积雨初霁，放怀举酒。男鉴仁、侄近仁、明仁、与仁、偕麟孙，住僧侍行。"

其与题刻不同处，稍作对比便知，然有一处颇为费解，石刻中"放舟来寻"后缺三字，《蜀中名胜记》作"既放舟来寻钓鱼城之胜"。经查南宋王象之《舆地碑目》（此书实从《舆地纪胜》中抽出而单行）及《舆地纪胜》，其中并无曹学佺所引《舆地碑目》七则史料，也无"钓鱼城"之记

载，或许曹学佺所引《舆地碑目》另有所本，不可得知。另，吕交修记游在南宋绍熙元年（1190年），《舆地纪胜》成书于南宋嘉定十四年（1221年）至宝庆三年（1227年），钓鱼山筑城在南宋淳祐三年（1243年），《舆地纪胜》怎能记载后来才有的钓鱼城之名？由此可知，《蜀中名胜记》引《舆地碑目》中"钓鱼城"之称有误，石刻中"放舟来寻"之后虽缺三字，但肯定不是"钓鱼城"。窃以为当从石刻，存此以备考。

6. 朱涣题诗记游

此题刻系朱涣于南宋绍熙二年（1191年）题诗，据曹学佺《蜀中名胜记》卷十八引《舆地碑目》，此题刻在吕交修记游题刻之旁，但现已不见，内容如下：

> 其旁有闽人朱涣诗云：钓鱼矶上著闲身，胸次应无一点尘。偶尔不逢周汉主，此心端弗愧前人。绍熙辛亥腊月既望。

注：
钓鱼矶：即钓鱼山上的钓鱼台，王象之《舆地纪胜》卷一百五十九记载："钓鱼山，在石照

县东十里……山南大石砥平，有巨人迹，相传异人坐其上，投钓江中，山以是名。"

周汉主：指周文王和东汉光武帝。姜太公在渭水边垂钓，等到了周文王，并受到重用。严光（字子陵）与汉光武帝刘秀是同学好友，刘秀称帝之后，严光便隐居在桐庐富春江畔垂钓，光武帝征召之，严光婉拒。

笔者按：

据《全宋诗》（北京大学出版社，1998年版）第47册卷二五一〇，朱涣，生卒年不详，字济仲，福州永福（今福建永泰）人，宋孝宗乾道二年（1166年）进士。《全宋诗》录其诗七首，并无此诗。

7. 东沂尉行之等记游

此题刻系赵行之等人于南宋庆元元年（1195年）记游所题，不知位于何处，今已不可见。据曹学佺《蜀中名胜记》卷十八引《舆地碑目》，内容如下：

> 东沂尉行之、辅之，约晋国赵资深才父、遂宁陈子龙、益昌王国秉、锦官王正仲，乙卯庆元仲冬来游。

笔者按：

据蒋晓春等编《南宋末川渝陕军事设施的调查研究》第四章"钓鱼城地面文物"中记载，南宋赵行之题刻，位于卧佛下方石壁上，风化严重，然其所录文字与《蜀中名胜记》所载有出入，不知二者是否为同一题刻，现转录于下，以备考。南宋赵行之题刻（1195年？）："□□□山假□□□归□□□□东沂尉行之母……冬二……。"

8. 李壁记游

此题刻位于卧佛头部左上方石壁，在吕交修记游题刻之右，系南宋庆元三年（1197年）李壁记游题刻，今已风化严重。据《蜀中名胜记》卷十八引《舆地碑目》，内容如下：

> 眉山李壁来游，甥刘冲之、族子潮俱，庆元三年狗日。

注：

李壁（1158—1222年）：字季章，眉州丹棱人，南宋史学家李焘之子，《宋史》卷三百九十八列传第一百五十七有传。

笔者按：

观此石刻拓片及明刻本《蜀中名胜记》，末二字确为"狗日"，前人注释为"正月初二"，然清宣统版《蜀中名胜记》作"旬日"，民国商务印书馆丛书集成初编版《蜀中名胜记》作"九日"，或是传抄之误，存此备考。

9. 赵希昔酌别

据民国《合川县志》卷三十六《金石》所录，此题刻为南宋嘉定七年（1214年）刻，其大意应是赵希昔为赴科考的族人饯别，其内容如下：

> 嘉定甲戌，□□□□□□□万里
> 入对，酌别于此。乡人□□兀、何东
> 里、刘季酉、孙说、王煇、张□、史寅运
> 以诗酒来□，侄与□、与俅、与儆、与
> 佩侍行。仲春旦日，希昔敬书于
> 先子石泉府君留题之后。
> 　　　　　住山行深刻石。

张森楷案：

是嘉定七年甲戌，赵希昔书，住山行深刻石。刻高四尺五寸，宽二尺五寸，七行，行十三字，行书，共泐十二字。赵希昔仕履见《士族谱》《选举谱》。其侄与俅、与儆、与佩，俱见《宋史·宗室世系表》。"与"下泐一字，据史表当是"序"字。"与儆"，史作"与儌"，当依石刻为正。

注：

先子石泉府君：即赵希昔之父赵炳（又名赵师必），详见前文"赵炳记游"题刻中按语。张乃孚谓其"知石泉军"，张森楷谓其"字石泉"，又谓其"知石泉军"，其中必有一处为误。古人称其父，必不可直呼其字，若赵炳字石泉，其子赵希昔绝不能称其父为"石泉府君"，故赵炳定是因"知石泉军"而被其子称"石泉府君"，此为官地之称。

赵希昔：即赵炳之子。据民国《合川县志》卷五十八《流寓》记载，赵炳有子希知、希昔、希源、希得。"希昔登某年进士，历京朝官，终黎州刺史。希得登嘉定四年辛未科赵建大榜进士，与希昔子与交同榜。希昔犹官于朝，未及出也，有司以闻，特诏希昔、希得、与交同日赐第集英，乡人荣之。"

笔者按：

前人记载此题刻位置不准确，笔者遍寻之，位于钓鱼台至卧佛之间的石径小道左方石壁上，在赵希昔饮饯题刻之右，现已残缺，仅可辨识少数字迹。

10. 赵希昔饮饯

据张森楷民国《合川县志》卷三十六《金石》所录，此题刻为南宋嘉定十三年（1220年）所刻，其大意应是赵希昔为赴京参加殿试的史寅运、赵与俅二人饯行，并回顾了合州赵氏族人历年来的科名盛况。其内容如下：

> 嘉定己卯，史寅运、赵与俅原空。奏名外省，庚辰春
> □奉原空。大对，赵希昔同武信杨令㮠及乡人罗
> □□孙说、王煇、王仲甲、庞云孙饮饯于此。自原空。
> □□□（先子登）戊戌进士第，以至于今，子孙登科者，累
> □□□□（叶不绝寅）运，甲戌春，曾饯与俣之行，与俅及弟
> □□□□□□与□侄与儌、与佩侍行，与交、与俅
> □□□□□□□□寅运兹执经于罗酉之坐。
> 　　　　住山僧□刻。

张森楷案：

右刻高四尺四寸，广二尺四寸，计七行，泐二十四字。森楷复审此碑，首行第一字泐去上半，存下"加"字，作"嘉"不误。第二行第一字泐，存一字是"人"字。第三行第一字泐，疑为"酉"字，即后之罗酉也，然于第二字泐文无以处之，今仍旧阙。第四行首三字泐，杜释原阙，后旁注"先子登"三字，盖据嘉定甲戌、淳熙改元二碑补，尚非无见。第五行首四字泐，杜旁"叶不绝寅"四字，盖以意属之。考甲戌题名，有史南运，无史寅运，或在泐文中，但未可知，犹存"八"形，确是"寅"字，非"南"字也。第六行首缺五字，据《宋史·宗室世系表》，疑与希，得长子男，第七字"交"字尚可识，杜释何以作阙，岂其所据之纸适模糊邪？与交，即希昔子，故曰男，与儌、与佩并与俅弟，碑为希昔所题，故曰侄也。第七行首泐八字，第八字存"一""乀"，似即"史"字，上七字或人名，或叙二人科第，不可考矣。第十一字似"并"字，杜释作"兹"。

注：

史寅运：合州人，据万历《合州志》卷五《科贡》记载，史寅运中嘉定庚辰（1220年）刘渭榜。

赵与俅：据张森楷案语，即赵希昔侄子。又据张森楷民国《合川县志》卷九《士族谱》载，赵与俅为赵希得长子，嘉定十二年己卯科四川类试举人，十三年庚辰（1220年）科登进士第。

奏名：科举考试中，礼部将拟录取的进士名册送呈皇帝审核，称为"奏名"。

大对：对答天子的询问或策问，指殿试。

与俣：据张森楷民国《合川县志》卷九《士族谱》载，赵与俣为赵希得之子，嘉定七年甲戌（1214年）以四川类试举人入对登第。

与傲：据张森楷案语，即赵希昔侄子。又据万历《合州志》卷五《科贡》载："与傲，淳祐甲辰（1244年）晋庆炎榜。"

与交：据张森楷案语，即赵希昔之子。又据民国《合川县志》卷五十八《流寓》记载，嘉定辛未（1211年），赵与交与赵希得同登进士。

笔者按：

钟秀金主编《钓鱼城陈列展示文丛》第6辑《历代摩崖题刻》中有此题刻的拓片图，蒋晓春等编《南宋末川渝陕军事设施的调查研究》第四章"钓鱼城地面文物"中也有记载，二书认为此题刻"位于悬空卧佛下方距地表0.5米的悬崖上"。笔者遍寻之，此题刻位于钓鱼台至卧佛之间的石径小道左方石壁上，赵希昔酌别题刻之左，现仅可辨识少数字迹。

另，前人皆认为此题刻作于嘉定十二年（1219年），因题刻首句有"嘉定己卯"纪年，然此年是史寅运、赵与俣二人拟录取进士，下文还有"庚辰春□奉大对"，即二人于次年（嘉定十三年）春赴京参加殿试，故此题刻应作嘉定十三年（1220年）。

11. 家渔归题诗记游

此题刻系家渔归于嘉定八年（1215年）游历至此的题诗，前人皆不知位于何处，现未得见，据曹学佺《蜀中名胜记》卷十八引《舆地碑目》，内容如下：

> 眉山家渔归以嘉定乙亥七月九日访钓鱼小供，因留诗石上：暂脱尘鞿入古蓝，西风送我与禅参。涨开二水虬朱鬣，岚隐诸峰玉碧簪。两武深痕堕尘迹，一椎打就蹋云庵。自怜把钓人多老，消息遥遥自渭南。

注：

古蓝：应指古老的寺庙，即护国寺。

涨开二水虬朱鬣：二水，指嘉陵江和渠江。此句意为钓鱼山被江水环绕，就如虬龙角上的龙须般呈盘曲状。

岚隐诸峰玉碧簪：岚，山中的雾气。此句意为云雾缭绕的山峰就如插在钓鱼山的碧玉簪。

两武深痕堕尘迹：武，足迹。钓鱼台上有传说中巨人在此垂钓而留下的一双深深的脚印，至今还能看见，故称"堕尘迹"。

一椎打就蹋云庵：指宋代石头和尚在钓鱼山上"凿石二十四片合成一庵"，即创建了护国寺。

自怜把钓人多老，消息遥遥自渭南：此两句乃作者自伤怀抱，年华逝去，却不被任用，想到在渭水边钓鱼的姜太公最终等到了周文王而一展抱负，而自己却迟迟没等来好消息，故有此叹。

12. 王鲁望记游

此题刻系王鲁望等人游历至此的记游题刻，具体年代及位置不详，应为南宋时期所刻，前人著作皆未收录，仅见于曹学佺《蜀中名胜记》卷十八引《舆地碑目》，其内容如下：

> 眉山王鲁望万里西归，舣舟合阳，赵滨甫、侯德之、定之、孙相之、载之，相与游钓鱼，秋雨初霁，心意豁然，酌酒至明，兴尽而返。

注：

舣舟合阳：在合州停船靠岸，以作休整。舣舟，停船靠岸。合阳，合州的别称，因合州州署位于瑞应山之南，涪江、嘉陵江之北，按照山南水北为阳的习惯，故称合阳。

13. 新南剑州使君饯别

此题刻系李忠父等人在钓鱼山为徐公饯别所题记，具体年代及位置不详，应为南宋时期所刻，前人未收录，仅见于曹学佺《蜀中名胜记》卷十八引《舆地碑目》，其内容如下：

> 新南剑州使君三衢徐公，以今春解南昌之组，治舟合阳，避夏秋水涨，以良月甲子解缆西归。摄郡金李忠父，偕同僚史仲立、赵季绅、梅君用、张子信、何文振、张通叔、白德章、刘光父、晁季子，饯别于此。

14. "八日讲"残刻

据张森楷民国《合川县志》卷三十六《金石》所录,将其归于宋代,应该是游览会饮类的题刻,内容如下:

> □□□□八日讲钓鱼之□修故事也郡□□
> □□□□不敢废民之乐□□前资州史□□
> □□□□新鱼关监廪阆中罗埙和父郡文学
> □□□□仪郡从事眉山文艾叔少南石照□
> □□□□元偕来新金成都勾趾伯麟旧金□
> □□□□约之不至深为怅然因会饮于豁岩
> □□□□桧柏满前诚一时之佳兴也于是乎□

张森楷案:

右刻每行之上各泐四字,下亦各泐一、二字,共七行,高四尺,宽二尺八寸,正书,字径约三寸。森楷复审此碑,首行"八"上泐,存"□"形,似是"月"字。第二行"不"上泐存"朩"形,似"粟"字下半,"前"上泐,存"十"形,不知何字。第三行"新"上泐,存"仁"形,似"在"字。第四行"仪"上泐,存"丨"形,似"子"字。第五行"元"上泐,存"少"形,似"少"字。第六行"约"上泐,存"儿"形,似"元"字,"豁"下一字似"嵒"字。第七行"桧"上一字泐,存"凵"形,似"日"字,余不可辨。

笔者按:

此题刻具体年代不详,前人也不知位于何处,笔者遍寻之,亦未见。

15. 中秋记游残刻

此题刻应是南宋绍兴二十六年(1156年)的记游题刻,位于钓鱼台侧下方石壁上,在赵炳记游题刻之上,风化严重,难以辨识。现据蒋晓春等编《南宋末川渝陕军事设施的调查研究》第四章"钓鱼城地面文物",录于下:

□□□癸巳濮国阴□□江岁常□□□□人坐□□石山高□□不□□□□□长□□水怒孤□窄□□□海上□公……遇不遇……尚□□如今□□□□□□忽见□鱼□□□□□□顷□不见□□生□□□□□□郝□□□高凤□□月钓鱼寒江□□□少华张□□□□同游□以绍兴丙子中秋后一日来游。

笔者按：
　　此题刻仅蒋晓春一书有收录，因原刻难以辨识，又无其他佐证材料，故暂从蒋晓春之录。

(二) 题字

1. 佛号摩崖

位于钓鱼台侧下方石壁，今仍可见。刘道平《钓鱼城的历史与文化》一书中称，系北宋真宗年间太子中允石延年（字曼卿）题写，南宋乾道元年（1165年）合州知州丁觉以墨本出示石照县尉文焘，遂刻于此，内容如下：

> 无量寿佛
> 释迦文佛
> 弥勒尊佛

张森楷民国《合川县志》卷三十六《金石》部分关于此题刻案语：

"右石曼卿书三佛号大字，原在治东龟山寺，合州郡守丁觉以墨本出示石照县尉文焘，刻于钓鱼山岩，乾道改元正月望日。其字皆正书，方可四寸，款字方可寸余，疑即文焘书，丁觉以隆兴二年任（见《官师谱》）。旧《志》谓是二十四字，今只得其半，又非有剥蚀，盖《志》文误也。龟山寺，旧《志》不载，今遍访之，不得龟山寺所在，或废或改名，皆不可知。或谓今炮台山，古名龟山寺，当在其处，它亡左证，不知信否？存此以俟后之好古者为参考焉。"

笔者按：

张森楷民国《合川县志》卷一《形势》之"东山经钓鱼山"部分记载："岩下有'无量寿佛、释迦文佛、弥勒尊佛'十二字，无年月书题人，相传以为宋石曼卿笔，考《宋史·文学传》，曼卿终身未尝经蜀，合川安得有其字？殊不可信。"钟秀金主编《钓鱼城陈列展示文丛》第6辑《历代摩崖题刻》及蒋晓春等编

《南宋末川渝陕军事设施的调查研究》第四章"钓鱼城地面文物"中认为，此题刻右侧（《文丛》作"北侧"）有附记："石曼卿三佛大字在江东龟山寺，合州知州丁觉以墨本出示石照县尉文焘，刻于钓鱼山岩，乾道改元正月望日。"细观此石刻之左，确有附记，据此，佛号题字应非石曼卿亲至钓鱼山所刻，乃好事者以其手书复刻于此，然亦可知钓鱼山佛教之兴。

2. "飞舄楼"碑刻

此碑刻现存钓鱼城忠义祠内，有部分残缺，系南宋乾道七年（1171年）邑令杜定所建飞舄楼的实证，现仅存此碑，内容如下：

> 乾道辛卯冬邑令普慈杜定建
> 飞舄楼（篆书）
> 资州郡丞开封李如晦书

注：

杜定：据乾隆五十四年《合州志》载，乾道五年（1169年）任石照县令。

飞舄：典出《后汉书·方术传上·王乔》："王乔者，河东人也。显宗世，为叶令。乔有神术，每月朔望，常自县诣台朝。帝怪其来数，而不见车骑，密令太史伺望之。言其临至，辄有双凫从东南飞来。于是候凫至，举罗张之，但得一只舄焉。乃诏尚方诊视，则四年中所赐尚书官属履也。"后因以"凫舄"指仙履。但又引申出多种含义，见《汉语大词典》。有借指官员或县令，如南朝梁沈约《善馆碑》："霓裳不反，凫舄忘归。"唐卢照邻《于时春也慨然有江湖之思寄此赠柳九陇》诗："寄言飞凫舄，岁晏共联翩。"唐骆宾王《饯郑安阳入蜀》诗："惟有双凫舄，飞去复飞来。"又指对宾客的雅称，如宋杨亿《夜宴》诗："鹤盖留飞舄，珠喉怨落梅。"不知杜定建飞舄楼的本意当作何解。

笔者按：

据前人记载，飞舄楼位于钓鱼山最高处，为杜定所建一登高远眺之所，宋蒙战争时，余玠因其地理位置之优势，将其作为军事机构兴戎司驻所，其名被"武道衙门""帅府"

"将军府"所取代。钓鱼城降元后,飞鸟楼被元兵拆毁,明代弘治年间重建,民国时期,军阀刘湘的部下在钓鱼城上办火药局,不慎失火将其烧毁,现仅存碑刻。

乾隆五十四年《合州志》卷十四收录有杜定好友李开所作《飞鸟楼赋》,现录于下,以资参照:

环山出云,架天为梁,渺二江之合流,瞰万井之耕桑,浩烟海之眯目,恍尘宇之多乡。毫发丘山,较论短长,我不屑于此来,墢氛埃于簿书之场。西风满扇,看人如蝇。挥之不可,尔来成朋。嗟世缘之滚滚,峻阔步于骞腾。前者柅,后者掣,初念已清,后念施继,是孰为之哉?身与世驰,心与物制,胸次梦丝,山川成蔽。欲登高以避人,增豪气于目毉。畅楼居之入云,未始不溷于人间世也。

吾友杜子,得邑山间,襟怀洒落,眼中无山,谓吏尘之染人,已丝悲之变颜。江流汩汩,二水拱揖,会城下以汹涌,待主人之肃客。杯酒不丰,客或违言,啮谯以移,怒奔一城于何山之巅。缓带拯溺,其亦可及,信仙人之所好,尚四载之先策。尔民不知,杰观凌巍,不画而图,霞织雾霏。端天津以立表,酌北斗以引丝。卷月上,俯星沉,寂景物之不作,独长啸如金玉之有遗音。五隘此世,岂独于今。锵钧天之无余响,而电裳之不可委蜷。有云在空,有御为风,舍车而徒,风云孔从。帝顾我以一笑,班列仙之和雍,脱人间之凡埃,莹天上之神丰。我念一归,谁其弋之?彼殆见吾之兀兀,而岂知此特其善者机耶?华表柱头千岁归,江皋如故井邑非,君今晚作桐乡想,弋鸟汝名名翚飞。

3. 王休题字

王休题字在钓鱼城存有两处,今仍可见。一在卧佛岩左侧石壁上,为"一卧千古",落款为"采亭王休书"。一在千佛崖左侧石壁上,为"山人足鱼",落款为"王采亭书"。

注:

王休:据曾枣庄主编《中国文学家大辞典·宋代卷》(中华书局,2004年版),生卒年不详,字苏渚,一字叔滨,浙江慈溪人,南宋庆元二年(1196年)进士,为湖州教授,改徽州,累官判枢密院事,嘉定末年与权臣不合,谢事归,以文学著称,晚岁益进,金石文多出其手。据此,王休是否到过合州钓鱼城尚未可知,题刻中"采亭"二字不知是王休籍贯还是字号,存此备考。

笔者按：

关于此题刻的时间，钟秀金主编《钓鱼城陈列展示文丛》第6辑《历代摩崖题刻》认为，应刻于南宋绍兴元年至淳祐元年（1131年—1241年），未免过于宽泛，刘基灿《钓鱼城碑刻初探》（载于《西南师范大学学报》哲学社会科学版，1997年第4期）一文中认为刻于庆元六年（1200年），但不知何据，存此备考。

符永利《钓鱼城摩崖石刻造像的再考察》（见《2015年钓鱼城国际学术会议论文集》）一文认为，王休的题字在卧佛岩东西两侧，西侧题"一卧千古"，东侧题"鱼山古迹"（后被康熙"鱼山八景"打破），另在千佛龛西侧有王休"山人足鱼"题刻。

但笔者观察到，实物上显示的应是"鱼城古迹"，可能符永利考虑到王休题字时钓鱼山尚未筑城，宜称"鱼山"，然对比实物，确为"鱼城"，或许"鱼城古迹"题字者并非王休，且在钓鱼山筑城之后所题。另，张森楷在民国《合川县志》卷一《形势》之"东山经钓鱼山"部分记载："摩岩有明知州刘士𨗴'鱼山古迹'四字及'八景之二'四字。"由此可知，"鱼城古迹"应为刘士𨗴所题，但张森楷所记"鱼山古迹"应有误，"鱼城古迹"的确被清康熙五十五年（1716年）幻屋山叟"鱼山八景"题刻覆盖，但现仍可看出其残留痕迹。

（三）与钓鱼城战事相关

1. 王坚纪功碑

此碑刻位于三圣岩下方，系南宋钓鱼城军民为纪念王坚守城之功所刻，镌刻时间大致在1272年至1279年之间，原本裸露在外，后在钓鱼城开发成景区时建亭以蔽之。因碑刻内容对元朝统治者不利，元代改刻千手观音像和浮雕佛教故事将其覆盖，但还有部分残缺文字，分置于观音像两端，据钟秀金主编《钓鱼城陈列展示文丛》第6辑《历代摩崖题刻》所录，内容如下：

> ……汉……跨开达□……不……逆丑元主。王公坚以鱼台一柱支半壁……益以……戒于……八……相吕公……六十稔矣□黎有……于□定之……投机……西蜀其自襄樊始……诗纪厥功，被之金石……奉为父母，拜识其灵……辟……签书。

笔者按：

据前人研究，王坚（？—1264年），宝祐二年（1254年）授兴元都统兼知合州，开庆元年（1259年）初，元宪宗遣降将晋国宝来合州招谕，王坚不从，杀之于阅武场，元宪宗怒，遂兵围合州，王坚与副将张珏协力固守。开庆元年二月，元宪宗亲临合州城下督战，至五月屡攻不克，六月，蒙古前锋大将汪德臣登外城仰攻，王坚率兵迎战，汪德臣中飞石，因得疾卒。七月，元宪宗复督战，中飞矢，随即班师，至温汤峡而亡。合州解围，诏加王坚宁远军节度使，依前左领军卫上将军、兴元府驻扎、御前诸军都统制兼知合州，进封清水县开国伯。景定元年（1260年），诏征入朝，拜侍卫步军都指挥使。景定四年（1263年），贾似道忌王坚之才，出知和州，兼管内安抚使。景定五年（1264年）三月，王坚忧郁而卒，赐谥"忠壮"，州人立庙祀之。咸淳三年（1267年），诏赐其庙额曰"报忠"。《宋史》无王坚传，前人辑有相关事迹，如民国《合川县志》卷三十九《名宦》有传，唐唯目《钓鱼城志》辑有王坚资料，顾吉辰有《王坚事迹考》（见《钓鱼城历史学术讨论会论文资料集》，1982年）。

王坚纪功碑是西南师范学院历史系于1957年、1959年对钓鱼城进行实地考察后发现，见《钓鱼城史实考察》（四川人民出版社，1962年版）一书，后1981年在钓鱼城历史学术讨论会中得到公认，1989年才修建了王坚纪功碑保护亭。

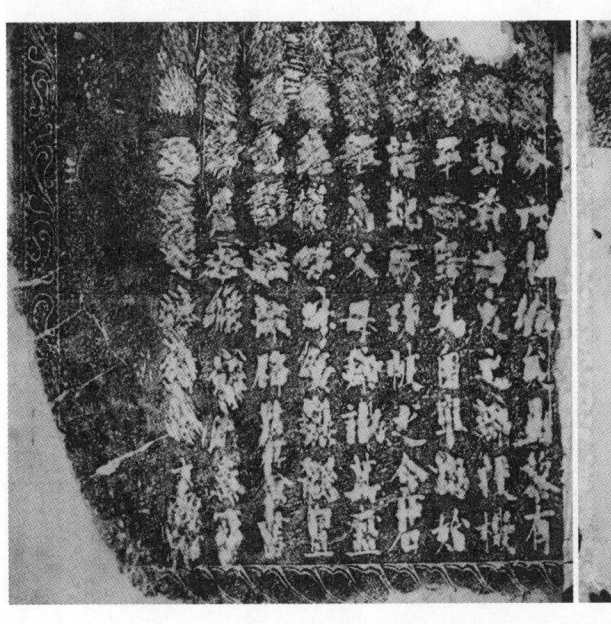

2. 土地岩题刻

据刘道平《钓鱼城的历史与文化》所录，土地岩题刻位于钓鱼城奇胜门内大天池西北马鞍山半坡峭壁上，即今奇胜门内盘山公路旁，是1998年3月15日修钓鱼城后山公路时施工队发现的，由于年久风化及人为凿毁，仅可辨识约70字，从文字意思看应为南宋钓鱼城守城军民所刻，内容如下：

……全众……乃岁……一……兵岸……虽欲……势易……元主千一百人……列队……之急□飞丸□此……不□初守城栈……可殁……发必中……日夜……果业贼……城者万众待□为……辨□不……阳之……以□运……将……王□水……朝贡张……鱼丑旅仇子如……画□者□三为……血凶……至是元……旦……如……江……

笔者按：

钟秀金主编《钓鱼城陈列展示文丛》第6辑《历代摩崖题刻》认为，此题刻与王坚纪功碑属同一时期作品，是钓鱼城军民为记录钓鱼城南宋开庆元年战役，铭记战役军功而凿造的题刻，印证了宋、蒙双方在钓鱼城西北外城激战的史实，为揭开蒙哥之死这一奥秘提供了重要佐证。此题刻现已无法辨识，仅有指示牌。

3. 镇西门旁题刻

据钟秀金主编《钓鱼城陈列展示文丛》第6辑《历代摩崖题刻》记载，此题刻位于钓鱼城镇西门南侧，处于山体转角岩石的西面，其下为上山石板梯道，两侧有柏树、竹林等植被，碑面上部已风化、损毁，下部文字可辨认7行，残存内容如下：

> ……□胜之地唯合阳为……此不亦宜乎琳……□复广安若军若……□郡有贤城之才……□韧于兹矣咸淳……日刻……□□官总统戍合军马朐山秦琳谨记。

笔者按：

据前人记载，该题刻与宋末钓鱼城抗战密切相关，从残文中可判断出，题刻内容主要记述的是南宋咸淳元年（1265年），身任总统戍合军马的秦琳和钓鱼城守将张珏，为打破蒙古军对渠江沿线的封锁，于是年十一月派遣精锐夜袭广安大良城，并在收复大良城之后，又一举攻破了虎啸城，扭转了紧张的局势。十二月，钓鱼城守军与各路宋军发起了对开州的反攻，经过两个月激战，胜利而归。为此，忽必烈不得不及时采取加强对四川控制的应对措施，于是月诏改四川行枢密院为行中书省，命赛典赤·赡思丁、也速带儿行中书省事，治地利州。

4. "圣宋以仁立国" 题刻

此题刻位于九口锅遗址左侧下方石壁上，在石径小道之右，石壁上从右至左有五处石刻，皆因风化严重，且有人为凿毁，难以辨认，此石刻是第二处，残文如下：

> 圣宋以仁立国逾三百年……开庆己未蒙国入寇……自春徂秋出战……全城却敌……

笔者按：

此题刻前人皆未关注，称"圣宋"者，必为宋人所刻，至于其年代，石刻中有"逾三百年"字样，由宋代开国时间为公元960年可知，此石刻应刻于公元1260年至公元1279年之间，正好处于钓鱼城之战时。又根据残文中的"开庆己未蒙国入寇"句，此石刻应与钓鱼城战事相关，存此以备考。

四 其他

1. "神有情"题刻

据民国《合川县志》卷三十六《金石》所录，将其归于宋代，张森楷注云："不知泐失若干，见存十九字，字径二寸。"从"神明"二字来看，疑与宗教有关。此题刻今不详其所在。内容如下：

□□神□
□神有情
□情去情
守中□诚
□存神明
□之明□
则成自□
□□无□

2. 石头和尚《草庵歌》题刻

笔者在明代朱孟震《河上楮谈》（《四库全书存目丛书》子部第104册，齐鲁书社，1995年版）中发现有两则史料和钓鱼城相关，其一为"钓鱼城"，记载了朱孟震于万历年间游历钓鱼城时，从护国寺僧人处得见"旧城《志》一纸"，又将其文字录于此，此记文可与万历《合州志》中所录《钓鱼山记》互为参照，因不知此记是否刻于石，故不赘述。

其二为"石头草庵歌"，朱孟震将其原文抄录，又说："后书曰嘉定丙子闰七月己亥，岂宋宁宗时寺僧录其语而刻之石者耶？"嘉定丙子，即南宋嘉定九年（1216年）。由此可知，朱孟震当时是亲眼目睹有此石刻。历代《合州志》中只提及石头和尚有《草庵歌》，有"山僧不曾轮甲子，一叶落知天下秋"之句，但并未见全诗，也未提题刻，历来研究者对此题刻无记载，亦不知位于何处。故将朱孟震之记转录于下，存此备考。

《河上楮谈》卷二"石头草庵歌"：

城又有唐石头和尚草庵歌，云：
乱云堆里暂栖止，乱云散处千峰起。
千峰翠滴千丈岩，千丈岩前瀑布水。
水流万派潮归宗，试问归宗哪箇是？
山又高，路又陡，来往行人罕相偶。
孤猿啼鸟断续声，谷口暴风互相吼。
祖师印慵，开口名利，是非更何有？
有时抱膝倚松间，镇日仰头看云走。
浮云聚散散还聚，浮世茫茫堪譬喻。
贵贱高低死复生，出没高低无定处。
山僧真箇百无忧，乐乐天真任自由。
迎送不曾随世态，更无一事挂心头。
风雨霁，草堂幽，出没黄虀带露收。
渴则饮泉饥则食，睡则隅岩枕石头。
日出起来更何有，煎茶煮茗两三瓯。
自歌咏，自倡酬，从来此道寡朋俦。
山僧不曾轮甲子，一叶落知天下秋。
又云：
南堂要问曹溪路，央靠工师回石头。
且是一堆百杂碎，从前锥凿弃来休。
又云：
千尺垂丝坐钓台，沧江两翼自天开。
烟波未放草亭阔，引得鲸鱼上钓来。
又云：
雨声通夕助风号，踢倒重岩气愈高。
莫向石头愁路滑，要人步步脚根牢。
又云：
散人垂钓钩无饵，禅客谈玄石点头。
此是山中真乐处，世间得丧等浮沤。
又云：
当日回公在此台，烟波湖海豁然开。
一竿掷向苍崖下，笑指曹溪归去来。
后书曰嘉定丙子闰七月己亥，岂宋宁宗时寺僧录其语而刻之石者耶？

注：万历三十四年《重庆府志》卷六十八收录有《石头和尚草庵歌》，只有"乱云堆里暂棲止"至"一叶落知天下秋"部分，且与朱孟震《河上楮谈》所录有些许异文，现罗列于下。

第一处，《河上楮谈》中"千峰翠滴千丈岩，千丈岩前瀑布水，水流万派潮归宗，试问归宗哪箇是"，万历《重庆府志》作"千峰翠滴千尺岩，前瀑布水，水流合派潮归宗，试问归宗哪箇是"，明显可见《府志》"前瀑布水"句有缺字。

第二处，《河上楮谈》中"祖师印慵"，万历《重庆府志》作"祖师印慵"。

第三处，《河上楮谈》中"镇日仰头看云走"，万历《重庆府志》作"尽日仰头看云走"。

第四处，《河上楮谈》中"出没高低无定处"，万历《重庆府志》作"出没卷舒无定度"。

第五处，《河上楮谈》中"乐乐天真任自由"，万历《重庆府志》作"乐乐天真性自由"。

第六处，《河上楮谈》中"风雨霁，草堂幽，出没黄虀带露收"，万历《重庆府志》作"新雨霁，草亭幽，出没黄精带露收"。

第七处，《河上楮谈》中"渴则饮泉饥则食，睡则隅岩枕石头"，万历《重庆府志》作"渴则灵泉饥则食，困则隈岩睡则休"。

第八处，《河上楮谈》中"日出起来更何有"，万历《重庆府志》作"睡觉起来更何有"。

第九处，《河上楮谈》中"自倡酬"，万历《重庆府志》作"自唱酬"。

第十处，《河上楮谈》中"山僧不曾轮甲子"，万历《重庆府志》作"山僧不会轮甲子"。

笔者按：

关于石头和尚的年代问题，自明代就有争议，一说为唐代，如朱孟震《河上楮谈》记《草庵歌》为唐代石头和尚所作，下文五岳山人陈文烛诗碑题为《登合州钓鱼城读唐石头和尚草庵歌兼寄张崌崃中丞》，又有合州人何悌于正德七年（1512年）所作《游钓鱼山记》（见万历《重庆府志》卷八十）："行稍远，入石峡小门，旋转登山顶，道左林中见小浮屠，智祥云：此石头和尚塔也。和尚，唐人，尝取石头二十四片，结龛居之，因以自名，其诗有'山僧不会轮甲子，一叶落知天下秋'之句，为世所称。"

又有宋代一说。万历《合州志》"仙释"部分将石头和尚归为宋代："石头和尚，号四祖师，合州人，自幼入景德寺为僧，有戒行，因凿石出火，遂有悟。作偈曰：'是石头和尚，咬嚼不入，打破虚空，露些子迹。'复回州，于钓鱼山建护国寺。自凿石二十四片为龛，全身入门自掩，端坐而逝。有《草庵歌》传世，末二句云'山僧不会轮甲子，一叶落知天下秋'。"

乾隆五十四年《合州志》卷十因袭万历《合州志》所记，但又多出一则记载："自回，石照人，姓郊氏，初为石工，弃家为僧。自为石室钓鱼山，终日危坐诵经，一日凿石见火，遂大悟，作颂曰：'用尽工夫，浑无把鼻，火光迸散，元在这里。'后微疾，沐浴安坐而逝。"

张森楷在民国《合川县志》卷五十七《方术》中同时列举了石头和尚和自回，又有案语："《通志》有石头，无自回。《府志》于石头下引《通志》云云，末又引《合州志》云'石照人，姓郗氏，名自回'，似以石头、自回为一人。据其所居，及其建寺，见石火有悟，大略惟名字、偈词不同耳。寇宗之说，不为无见，今两存之，亦疑事无质，而疑以传疑云。"

张森楷又在民国《合川县志》卷六十六《古迹》记载："石庵，在钓鱼山，宋石头和尚凿石二十四片，合成一庵，为修道之所，今不知所在。"

由上可知，历代《合州志》更偏向于石头和尚是宋代人，但为何有人将其视为唐代人？经查阅资料，唐代确实有一位颇有名气的石头和尚，即希迁禅师，《景德传灯录》《宋高僧传》《五灯会元》等典籍中皆有记载，希迁为端州高要（今广东肇庆）人，俗姓陈，先在曹溪六祖门下出家，唐天宝初，又到南岳衡山南寺，因见寺东有一巨石，形如莲座，遂结庵其上，开法化众，时人称之为"石头和尚"，主要著作有《参同契》《草庵歌》等。由此可知，唐代的石头和尚与宋代钓鱼山的石头和尚本不是同一人，只因二者有相同称号，故令人混淆。至于唐代石头和尚的《草庵歌》，其内容与上文所录《草庵歌》也并不相同。

另，《五灯会元》卷二十记载有一位"石头自回禅师"，与历代《合州志》所载大致相同："合州钓鱼台石头自回禅师，本郡人也，世为石工，虽不识字，志慕空宗……寺中令取崖石，师手不释锤凿，而诵经不辍口……久之，因凿石，石稍坚，尽力一锤，瞥见火光，忽然省彻……人以其为石工，故有回石头之称也。"

此外，关于朱孟震所录《草庵歌》，其"乱云堆里暂棲止"至"一叶落知天下秋"部分应是石头和尚所作，其后五首诗中有"央靠工师回石头"、"当日回公在此台"之句，疑非其所作，或为护国寺僧人吟咏石头和尚之作。此石刻在明代万历年间尚可见，最迟在民国时期已不可寻，存此备考。

3. 宋末进士题名记

此题刻历代《合州志》及研究者皆无记载，现将相关线索置于此，以俟备考。

万历《重庆府志》卷八十收录有合州人何悌于正德七年（1512年）所作《游钓鱼山记》一文，其中记载：

> ……转首而东，两崖间有小径梯石而下，循崖南行，有大像长几二丈，横石壁间，曰此卧佛崖也。前行，有石龛，高广皆二丈余，小像层列，莫可指数，曰此千佛崖也。……又前崖转山，回路折而西地颇平阔，遥见石上有摩崖巨碑，曰此宋末进士题名记也，苔藓绣封，漫不可读。行稍远，入石峡小门，旋转登山顶，道左林中见小浮屠……

民国合川人郑知乐《钓鱼城史迹钞后语》（载于民国三十三年六月十四、十五、十六日《合川日报》）凡例第三石刻考存记载：

> 鱼山之石刻，宋以前则全渺，《县志》之金石，断于明代，又不尽录……故余宁滥勿阙也。例如唐石头和尚草庵歌已不可寻，又如千手观音岩有宋人科名题石，民初尚可读其年代姓名之一部分，今已蚀，而《县志》又失载，惜无可参矣。

笔者按：

关于此题刻的位置，郑知乐认为在千手观音岩处，此岩位于上天梯及三圣岩下方，是一块巨大的独立岩石，石上本为南宋末年所刻的王坚纪功碑，因其中有辱骂元朝统治者的文字，元一统后被凿毁，并改刻为千手观音像，现只残存六十余字，且此处并未见其他石刻内容。故郑知乐所指之处，可能在千手观音岩附近。

何悌在游记中虽未指明此题刻确切位置，但从其游历次序推测，"前崖转山，回路折而西地颇平阔"之处，正好与现在所称的上天梯及三圣岩处的开阔地带相吻合，平阔之地下方即为千手观音岩，又根据何悌所记"遥见石上有摩崖巨碑，曰此宋末进士题名记也"可知，此题刻应位于上天梯处的摩崖石壁上。据笔者实地考察，上天梯处中间为民国"忠勇坚贞"题刻，其中有些残存文字，颇似人名，或许此处原为宋末进士题名记，存此备考。

第二节 宋代摩崖题刻及碑刻的特征及其价值

一 宋代摩崖题刻及碑刻的特征

钓鱼城内现存最早的石刻应为南宋绍兴二十六年（1156年）的中秋记游题刻，此后一直延续到南宋末年还有与钓鱼城战事相关的石刻，这一时期又以淳祐三年（1243年）余玠筑钓鱼城为分界线。筑城前的石刻内容以记游、饯别为主，还有与佛教相关的石刻，可见钓鱼城最初是作为游览胜地和宗教场所而存在的。钓鱼山筑城后，便成为了合州的政治军事中心，又处于宋蒙战争中，故应仅有与战事相关的石刻。

其中记游、饯别类石刻的作者身份有合州地方官员、移居合州的宋室宗系、合州本土士子及途经合州的文人，其石刻内容大都比较简略，多为纪年和人名，或有游览的感受、饯别的状况。另有两首题诗，为写景咏怀之作，饱含个人色彩。与佛教相关的石刻较少，有佛号摩崖、僧人题诗及残缺的韵文。与钓鱼城战事相关的石刻因风化严重和人为损坏，仅可见其残存文字，难以进行详细解读。

(二) 宋代摩崖题刻及碑刻的价值

1. 证明钓鱼城是游览胜地

从现存的记游、饯别石刻可知，钓鱼城在未筑城前即是作为游览胜地而存在，还引申出了巨人垂钓的传说，正因其有较高的知名度，才被载入了全国性的地理总志，南宋王象之《舆地纪胜》卷一百五十九记载："钓鱼山，在石照县东十里，涪内水在其南，西溪上流经其北，郡人游者以舟下涪水，舣而上，已乃绕山北沿西汉水而归，此游观之奇也。山南大石砥平，有巨人迹，相传异人坐其上，投钓江中，山以是名。"

2. 反映钓鱼城是佛教名山

从乾道元年（1165年）的佛号摩崖和卧佛旁王休的"一卧千古"题字可知，钓鱼城在此之前已有佛教活动，因此处建有护国寺。万历《合州志》称护国寺是"宋绍兴间，思南宣慰田少卿建"，又说是石头和尚所建，后世因不明石头和尚的年代，又有护国寺建于唐代一说。但不论如何，南宋绍兴年间钓鱼城已有护国寺及佛教活动，并且当地官员还率领众人在此集会，南宋王象之《舆地纪胜》卷一百五十九"钓鱼山"一则中记载："下有大刹，曰护国院，岁二月八日，郡守率僚属置宴，郡人毕至。"

3. 为钓鱼城的宋蒙战争提供佐证

现存与钓鱼城战事相关的石刻有四处，即王坚纪功碑、土地岩石刻、镇西门旁题刻、"圣宋以仁立国"石刻，虽然都残缺不全，但也极具历史价值。如王坚纪功碑中"王公坚以鱼台一柱支半壁""奉为父母"等语句，即可见王坚在钓鱼城抗战中的伟大功绩。如镇西门旁的题刻，反映了咸淳年间钓鱼城及其周边的战况。又如土地岩石刻，印证了宋、蒙双方在钓鱼城西北外城激战的史实，为揭开蒙哥之死这一奥秘提供了重要佐证。关于蒙哥之死，有多种说法，如中炮风、中飞石、得痢疾等等，土地岩石刻残文中提到"元主千一百人……列队……之急□飞丸□此……不□初守城栈……可殁"，即可为蒙哥之死因提供佐证。另外，蒙哥受伤之处也有争议，目前常见的说法是在钓鱼城新东门外的脑顶坪，而土地岩石刻位于钓鱼城西北面的奇胜门，此处有一山丘名为喊天堡，故又有蒙哥在此受伤一说。

4. 反映宋室南渡后宗室四处散居的史实

自靖康之难后，宋室南渡，其宗室也散居各地，自谋出路，其中就有流寓至蜀地及合州的支系，如赵炳记游、赵希昔酌别、赵希昔饮饯等题刻中的赵氏，还有杜国光饮饯题刻中的赵彦和，丁梦臣饯别题刻中的赵师仁、赵希珏，东沂尉行之等记游题刻中的赵资深等等。

附：

元代

关于钓鱼城中元代的石刻，历代《合州志》皆无记载，至今亦尚未发现实物，或因当时钓鱼城被元兵所毁，且列为禁区，根本就没有刻石，或因石刻损毁，不可得知。明代曹学佺《蜀中名胜记》卷十八《合州》部分录有元人《登钓鱼山》诗三首，亦见于万历《重庆府志》卷六十九，但不能确定是否被镌刻在钓鱼城中。现将诗录于下，存此备考：

> 台倚层峦万仞高，鱼龙面面涌惊涛。
> 振衣更切临渊想，拟选长竿学钓鳌。
>
> 峰头借得月为钩，把向江心自不收。
> 莫笑山人似缘木，磻溪元是钓西周。
>
> 遗庵故傍唐僧塔，荒垒犹余宋战场。
> 读罢题诗聊骋望，半江寒雾送斜阳。

明代摩崖题刻及碑刻

第二章

第一节 明代摩崖题刻及碑刻分类

一 题诗

1. 徐澜题诗

此题刻位于护国门外左侧摩崖石刻群的石壁上，系嘉靖二十八年（1549年）合州知州徐澜题，共两首诗，保存完好，今仍可见。

内容如下：

> 石磴硫碌上石台，草阴花影酒樽开。
> 云中远见陈佳鹤，独抱瑶琴逐后来。
> 　　　　　　吾翁

> 与一泉别驾常君三泉进士张君同游护国寺
> 卧佛知名寺，青春结伴行。
> 松声天外落，江影座中明。
> 鹤睡云留石，僧禅鸟下楹，
> 相看浑不语，颇要学无生。
> 　　　　　　吾翁徐澜

注：

徐澜：字吾翁，据万历《合州志》《官迹》载，"云南临安人，举人，嘉靖二十八年任，有廉声"。

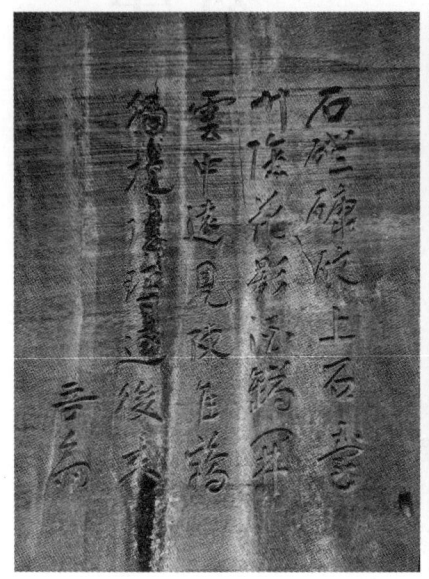

2. 李尚德题诗

此题刻系合州人李尚德于隆庆四年（1570年）登钓鱼城所作，位于千佛崖右侧石壁，只有少数几字风化，内容如下：

> 将北上登钓鱼城
> 四十无闻尚远游，天门从此一槃秋。
> 风霜独重黄华笑，今古谁轻白发愁。
> 山属大明蹋宋愤，水仍巴字叹川流。
> 登途已拟归来赋，青管何能为国谋。
> 　　隆庆庚午郡人李尚德书。

注：

李尚德：据民国《合川县志》卷六十阙访传记载，"李尚德，字□□，州人，正德中举人，嘉靖初进士，改官翰林院庶吉士，散馆授职编修，事实未详。"森楷案：省、府两《志》俱失载此人，惟州《志》有之，而不著其乡会科年，今并事实，待后访补。

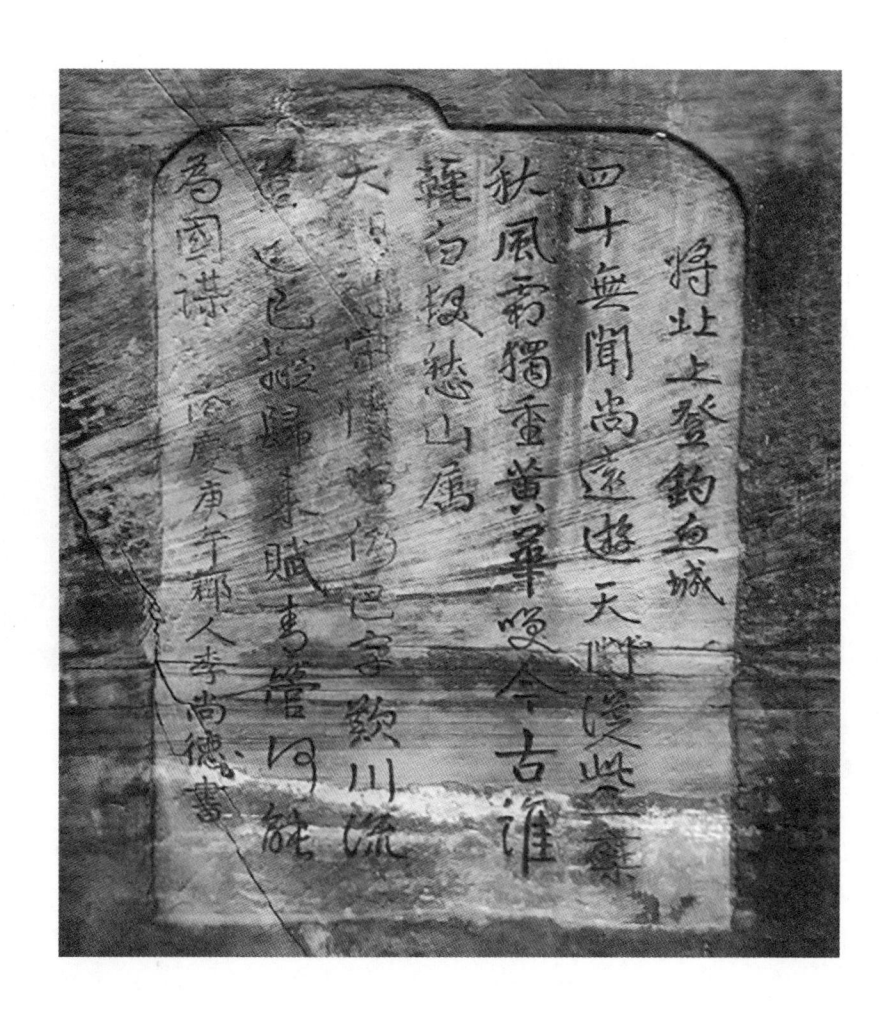

3. 五岳山人陈文烛诗碑

此碑刻现存于钓鱼城忠义祠内，未题纪年，张森楷在民国《合川县志》卷三十六《金石》中认为是万历七年（1579年）所刻，今仍可见，但风化较为严重。五岳山人即陈文烛，他与铜梁张佳胤交好，二人相约游钓鱼城，张佳胤因故未至，陈文烛即作此诗。内容如下：

> 登合州钓鱼城读唐石头和尚草庵歌兼寄张崌崃中丞
> 千仞峰峦倚仗登，宋元往事感偏增。
> 钓鱼绝顶仙人迹，驱马中原国士能（时王公坚、张公珏以死守）。
> 南渡江山逢圣主，东林烟月有高僧。
> 披云无限悲歌意，把酒何缘问季鹰。
> 五岳山人书。

张森楷案：

　　右诗碑高四尺五寸，宽尺有八寸，行书，六行，未题年月。题有"兼寄张中丞"，据后张和诗言中"承枉篇章"云云，则此诗为万历七年二月作也。说详后语。

　　注：

　　张崌崃中丞：即张佳胤（1527—1588年），字肖甫，重庆府铜梁县人，号居来山人（又作"崌崃"），嘉靖二十九年（1550年）进士，为明文坛嘉靖"后五子"、"后七子"之一，以兵部尚书、太子太保致仕，天启初，追谥襄宪。《明史》有传。张佳胤有《居来先生集》（六十五卷）存世。《四库提要》称："佳胤为郎时，与王世贞诸人相酬和，七子仕宦多不达，而佳胤镇雄边，定大变，以功名始终。"称"中丞"者，因张佳胤时任右佥都御史，巡抚应天府。

　　五岳山人：即陈文烛（1525—1594），字玉叔，号五岳山人，湖广沔阳人，嘉靖四十四年（1565年）进士，授大理寺评事，万历二年（1574年）任四川提学副使，五年升山东左参政，十一年任四川左参政，官至南京大理寺卿。有《二酉园诗集》《二酉园文集》《二酉园续集》等存世。

笔者按：

　　关于此诗时间，除张森楷万历七年（1579年）说之外，另有万历三年（1575年）说。黎春林《明"五岳山人"诗碑、"铜梁山人"诗碑考——兼与张森楷先生商榷》（载《西南交通大学学报》2011年5月第12卷第3期）一文认为，此诗当是万历三年（1575年）所作，详见下文居来山人张佳胤诗碑中按语。

　　另，此碑刻之诗见于陈文烛《二酉园诗集》（《四库全书存目丛书》集部第139册，齐鲁书社，1997年版）卷九，二者存在异文。第一处，碑刻诗题"兼寄张崌崃中丞"，《二酉园诗集》作"兼寄张中丞肖甫"。第二处，碑刻中"东林烟月有高僧"，《二酉园诗集》作"东林烟月付高僧"。第三处，碑刻落款"五岳山人书"，《二酉园诗集》无。

4. 居来山人张佳胤诗碑

此碑刻是铜梁张佳胤与上文五岳山人陈文烛题诗的唱和之作，内有两首诗，现存于钓鱼城忠义祠内。未题纪年，张森楷在民国《合川县志》卷三十六金石中认为是万历七年（1579年）所刻。今仍可见，有些文字已风化。内容如下：

> 万历仲春，陈五岳学宪招游钓鱼城山，未赴，承枉篇章答之。
> 大江东指钓鱼城，使者乘舟自在行。
> 壁垒尚含天地色，山川不尽古今情。
> 苔留屐迹参差见，云爱松门次第生。
> 如此胜游难授简，野人虚负挂冠名。
> 是年季冬，余赴召南行，史相吾太守、张贞斋司户饯于钓鱼山。
> 从游诸生：大足吴生一瑞、余邑向生微星、兄子叔理、三子叔琦、叔珮、叔玺也。
> 沧江起愧卧龙才，祖帐孤城地主开。
> 渐远白云频寓目，相邀落日傍登台。
> 英雄往事僧能话（有寺僧普训能谈宋元事），风雨空林鹤并回。
> 宾从尽称平世客，倾怀岂但为离杯。
> 腊月初五日，铜梁居来山人张佳胤书。

张森楷案：

右碑高四尺八寸，宽二尺二寸，九行，行书，四周有花边。惟开首题"万历仲春"，中叙"是年季冬"，末书"腊月初五日"，竟未纪万历何年。《明史·张佳胤传》言："进右副都御史，巡抚保定，道闻丧归，万历七年起故官，巡抚陕西。"以后官至戎政尚书，乃谢病归，中间无起罢之事。则此赴官，当是万历七年，观五岳山人诗题称"崌崃中丞"，即其证也。

注：

此碑刻两首诗，又见于张佳胤《居来先生集》（《四库全书存目丛书补编》第51册，影印万历二十二年本，齐鲁书社2001年版）卷十八，二者有些许异文，现罗列于下。

第一处，碑刻中"万历仲春，陈五岳学宪招游钓鱼城山，未赴，承枉篇章答之"，《居来先生集》中作"陈学宪约游钓鱼城，余以他事未赴，承枉篇什赋此谢答"。

第二处，碑刻中"壁垒尚含天地色"，《居来先生集》中作"壁垒尚容天地色"。

第三处，碑刻中"是年季冬，余赴召南行，史相吾太守、张贞斋司户饯于钓鱼山"，《居来先生集》中作"起家南行，张司户同诸文学饯于钓鱼城山"，并无从游诸生姓名。

第四处，碑刻中"英雄往事僧能话（有寺僧普训能谈宋元事），风雨空林鹤并回"，《居来先生集》作"山河南渡逢僧话（一僧能谈宋元事），风雨东林并鹤回"。

第五处，碑刻中"腊月初五日，铜梁居来山人张佳胤书"，《居来先生集》中无此句。

笔者按：

关于此诗碑所作时间，除张森楷所说万历七年（1579年）之外，另有两种观点，一是万历六年（1578年），二是万历三年（1575年）。

其一，万历六年说。清代韩清桂光绪《铜梁县志》卷十四《艺文志》收录有张佳胤此两首诗，并有注云："邑人朱凯南自合州归来，云曾于钓鱼山护国寺石碑见襄宪二诗，因出捐幅，观之……原碑但记'万历仲春'，不书甲子，今考《明史》本传，万历七年襄宪起故官巡抚宣府，观原刻'是年季冬余赴召南行'之语，是二诗皆作于万历六年矣。"

胡昌健《张佳胤年谱》（载《铜梁文史资料》第11辑，2001年）"万历六年"一条中称："是年年底赴召南行，此二诗拟在万历六年为妥。副都御史，可称'中丞'，无误，然佳胤是年并非南行，而是北上，则此二诗之年代可再考。"可见，胡昌健虽认为此二诗作于万历六年，却又表明其与张佳胤仕履有矛盾之处。

钟秀金主编《钓鱼城陈列展示文丛》第5辑《忠义祠及历代碑刻》中关于此二诗的时间借鉴了胡昌健万历六年之说，并认为："既然张佳胤在诗序中已提及'万历仲春，陈五岳学宪招游钓鱼城山'，这就说明当时陈五岳尚在四川提学副使任上，作诗的时间最晚也不会在陈五岳离开四川的明万历六年之后。"

其二，万历三年说。冯雁雯《张佳胤年谱》（兰州大学硕士学位论文，2007年）在万历三年一条下注明："三月，调任南京鸿胪寺卿……十一月，起身赴任……过合州，祭赵汝为，张司户同诸文学饯别佳胤于钓鱼城。"同时，援引《居来先生集》相关诗文及《国榷》等文献作为例证，但未提及张佳胤与陈文烛唱和之作。

黎春林《明"五岳山人"诗碑、"铜梁山人"诗碑考——兼与张森楷先生商榷》（载《西南交通大学学报》2011年5月第12卷第3期）一文认为，张森楷的万历七年之说有诸多疑点，接着梳理了陈文烛和张佳胤的仕履，并根据二人相关诗文分析了两诗碑的时间。陈文烛于万历二年至万历五年任四川提学副使一职，张佳胤于万历二年四月因安庆兵变中"坐勘狱辞不合"，被命"回籍，听调南京别衙门用"。万历三年春，张佳胤与陈文烛定下合州钓鱼城之约，故有《答陈学宪见寄并订合阳之约》一诗，但张佳胤因"家兄病笃"，且自己身体欠佳，而未能赴约，故陈文烛游钓鱼城后有《登合州钓鱼城读唐石头和尚草庵歌兼寄张崛崃中丞》一诗，张佳胤才以《陈学宪约游钓鱼城，余以他事未赴，承枉篇什赋此谢答》一诗赠答。万历三年三月，张佳胤有"南京鸿胪寺卿"之任，即于十一月底起身赴任，途经合州。《居来先生集》卷四十二《文林郎湖广衡州府酃县知县涪川赵公墓志铭》："故酃县令合州涪川赵公于万历三年十月五日捐馆舍，逾月，而余起家过合，哭之。"十二月初五日，时任合州知州史修及张贞斋司户等人在钓鱼城为张佳胤饯行，张佳胤即有《起家南行，张司户同诸文学饯于钓鱼城山》一诗，诗题中"南行"二字，正与诗刻中"是年季冬，余赴召南行"的路线相吻合。

持万历三年说者，还有李新的《张佳胤年谱》（南开大学出版社，2021年版），作者在万历三年部分提及韩清桂光绪《铜梁县志》卷十四《艺文志》收录的张佳胤所作上述两首诗，对此有案语："韩清桂叙述此诗收录缘起，并考其作于万历六年，但是张佳胤万历六年丁忧期满起家是北去上谷，在张佳胤留存的诗碑中只有'万历仲春'，以及'是年季冬，余赴召南行'等，虽未言年份，但与张佳胤此年十一月赴任南京鸿胪寺卿吻合，故陈文烛招约合州钓鱼城的时间是在万历三年春季，张佳胤起家后，与诸友人游钓鱼城的时间则是在此年腊月初五日。"李新还援引了张佳胤《居来先生集》中相关诗文及张佳胤《行状》《墓志铭》等文献，例证颇为丰富，此处不赘。

5. 王世沅题诗

该题刻乃明天启三年（1623年）所题，前人记载此题刻位置有误，笔者遍寻之，此题刻位于卧佛下端的石壁上，今风化严重。据钟秀金主编《钓鱼城陈列展示文丛》第6辑《历代摩崖题刻》中记载，录于下：

> 久向楞伽坐讲筵，裟随飞锡枕江边。
> 三千世界毫光满，亿万恒沙一息悬。
> 无疾无识亦无意，非空非色总非禅。
> 个中未飞云岩卧，沧海横流济大川。
> 天启三年癸亥……鱼城……望卧佛

笔者按：

此题刻的拓印图中有些文字较为模糊，以致前人所记有所不同。据张森楷民国《合川县志》卷一《形势》之"东山经钓鱼山"部分记载，"王世沅"作"王世守"，所录文字与上述内容有少许不同，现录于下，存此备考："王世守题《睡佛》一首云：久向楞伽坐讲筵，都随飞锡柳江边。三千世界毫光满，亿万恒沙一息悬。无想无识亦无意，非空非色亦非禅。塔中未死云岩卧，欲醒沉沦济大川。"观此拓印图，与张森楷所记对比，"都"字应为"裟"，"柳"字确为"枕"，"想"字无法确定，"亦非禅"确为"总非禅"，"塔中未死""欲醒沉沦"句，按照诗意，当从张森楷之记。

(二) 记游

1. "鱼城胜概"题字

此题刻位于千佛崖左侧石壁上，系嘉靖十五年（1536年）合州同知黎一夔书，今已严重风化，前人所记有所缺误，现据张森楷民国《合川县志》卷一《形势》之"东山经钓鱼山"部分所载，补全于下：

> 鱼城胜概
> 国朝嘉靖丙申仲秋，荆门黎一夔书。时同游永平李世宁、景陵陈诏、江阴张谊、□州赵儒、昆明张如松、绵竹杨华与焉。

注：
黎一夔：据万历《合州志》，湖广荆门人，监生，嘉靖十五年至十九年（1536—1540年）任合州同知。

2. "鱼城三友"记游

此题刻系天启四年（1624年）题记，位于护国门外左侧的石壁上，文字已严重残缺，现据钟秀金主编《钓鱼城陈列展示文丛》第6辑《历代摩崖题刻》所附拓印图，录于下：

> 天启甲子冬日庚申，鱼城三友张凯、周昌嗣、董三知，敢用玄牡对哉，三皇□言□以矢规过，读书而明理为第一义，可天民可□出处共志焉。爰刻诸石，永配河山，尚其勖哉，凯书。

三 建祠碑刻

《新建王张二公祠堂记》

此碑刻在忠义祠内，系正德十二年（1517年）合州知州佘崇凤等根据合州人何悌之记文镌刻。今碑文风化严重，现据此碑拓印图，将其内容录于下：

> 新建王张二公祠堂记
> 赐进士第文林郎福建道监察御史郡人何悌顺卿
> 湖广荆州府潜江县儒学训导郡人费颐真卿篆
>
> 钓鱼山在合州治东北十余里，倚天拔地，雄峙一方，三面临江，形势陡绝。宋淳祐癸卯，余玠帅蜀，从二冉谋，筑城徙州治其上。是时川西诸郡多为元人所据，制司阃建重庆，而合适当要冲，故当时谓鱼城成，蜀始能战守。
>
> 宝祐癸丑，王公坚来守郡，展布筹策，简辑兵民，秦、蜀之人响应云集，众至十数万，屹然一巨镇。开庆己未，元主蒙哥驻兵城下，攻围屡月不克，俄中飞矢死，围解，捷闻，诏加公宁远军节度使。
>
> 张公珏，初副王公，战守有功，王还，以公代之。自被兵以来，民凋弊甚，公外以兵护耕，内教民垦田积粟，不再期，公私兼足。咸淳癸酉，元将合剌用刘整计，自青居进筑马鬃山以图合，公击走之。德祐乙亥，诏以公为制置使，仍驻合。时西川郡县俱没，惟合坚守不下，元东、西行院合兵来攻，连败去。景炎戊寅，元兵大集，公众寡不敌，且为偏裨所卖，遂被执，抗节不屈而死。信国文公系燕狱，集杜诗云："气敌万人将，独在天一隅。向使国不亡，功业竟何如？"盖谓此也。时宋室已亡，全蜀皆陷，而合独后，公之力也。元至正间，还州旧治。
>
> 国朝郡人王玺廷信，官户科给事中，守制家居。弘治壬子春，约同郡贵州按察司副使陈揆季同及悌，同登鱼山，睹遗踪，想遐躅，相与叹曰："王、张二公尽忠于宋，有功于合，所宜庙祀，而未有举者，诚缺典也。"未几，廷信还朝，具奏其事，报可，命下。适括苍金祺崇厚为守，奉行惟谨，甲寅秋，即山巅郡址立庙设位，春秋祭焉。己未，新喻宋琢宝之继守，补其前之所未备。奠享有祠，启闭有门，左右有廊，庖湢有所，缭以垣墉，植以竹树，宏敞壮丽，足慰郡人崇敬之情。

正德丁丑，孝感佘崇凤应岐来守，以春祭谒祠下，询知曾有记而未刻，遂命工伐石，刻置堂东，而建祠之事毕矣。

呜呼！忠义之士，其智名勇功，高风劲节，与日月争光，山川同久，足以廉贪而立懦，然不有表章者几何，而不至于泯没无闻也哉。今兹之举，系人心，关风教，益治体，非细故也。延信启其端，崇厚、宝之、应岐踵其事，皆可书也。谨志其概，俾后有所考焉。

正德十二年岁次丁丑夏六月初六日。

合州知州佘崇凤、同知毛惕、判官潘谌、吏目王志宁、儒学训导丘陵、刘儒、贾谕。

注：

何悌：民国《合川县志》卷四十一《乡贤传》载："字顺卿，合州人，登成化戊戌进士，历官福建道监察御史，十年不调，告归，囊无羡金。旧有薄田数顷，亦与族人共之。弘治初，同郡人王玺、陈揆登钓鱼山，议修王、张二公祠以报功，既成，悌为之记。"

费颐：前人将此人姓名误作"费愿"，实因碑刻较为模糊，"愿"字与"颐"字相近，以致误识，今查万历《合州志·科贡》："费颐，仁受坊人，正德元年贡，任湖广潜江县训导。"据此径改。

王玺：字廷信，据万历《合州志·科贡》载："登云坊人，成化甲午举人，丁未二甲进士第二人，任户科给事中，升湖广布政司右参议。学博才赡，省刑革弊，督饷边陲，有功奏捷。祀乡贤。"

金祺：乾隆十三年《合州志》卷三《职官志》"明合州知州"部分记载："金祺，字崇厚，浙江丽水县进士，弘治二年任，资性高明，政事优裕，工诗能文，礼贤下士，重修学官，升员外郎，州人思之，祀名宦。"

宋琛：字宝之，乾隆十三年《合州志》卷三《职官志》"明合州知州"部分记载："江西新喻人，弘治十二年任，学问博赡，刚介有为，并建学官，州人贤之。今祀名宦。"

佘崇凤：民国《合川县志》卷六《官师谱》载："字应岐，湖北孝感人，十二年任，《王张二公记》其所刻也。府《志》'佘'作'金'，或又作'余'，今依石刻。"

笔者按：

万历《合州志》卷六载王张祠"在州治东钓鱼山，弘治七年郡人王玺奏建，郡人何悌记"，并收录有何悌《新建王张祠记》原文。但何悌原文与碑刻相比，有些许异文，现罗列于下。

第一处，碑刻中"故当时谓鱼城成，蜀始能战守"，何悌《记》无此句。

第二处，碑刻中"王公坚来守郡"，何悌《记》"郡"作"合"。

第三处，碑刻中"秦、蜀之人响应云集"，何悌《记》作"秦、蜀之人望风响应"。

第四处，碑刻中"围解，捷闻"，何悌《记》作"解围北还，捷闻"。

第五处，碑刻中"不再期"，何悌《记》作"未再期"。

第六处，碑刻中"时西川郡县俱没"，何悌《记》作"时西川郡县俱降元"。

第七处，碑刻中"元兵大集"，何悌《记》作"元兵大至"。

第八处，碑刻中"盖谓此也，时宋室已亡，全蜀皆陷，而合独后"，何悌《记》作"盖惋公也，时宋祚已亡，全蜀皆陷，合城巍然独存"。

第九处，碑刻中"约同郡贵州按察司副使陈揆季同及悌，同登鱼山"，何悌《记》作"约同郡贵州按察司副使陈揆及悌，同游此山"。

第十处，碑刻中"所宜庙祀"，何悌《记》在此句后多出"以仪后人"句。

第十一处，碑刻中"适括苍金祺崇厚为守"，何悌《记》作"适括苍金侯祺为守"。

第十二处，碑刻中"新喻宋琢宝之继守，补其前之所未备"，何悌《记》作"新喻宋侯琢继守，足其前之所未备"。

第十三处，碑刻中"植以竹树，宏敞壮丽，足慰郡人崇敬之情"，何悌《记》作"树以松柏，宏敞壮丽，甚慰邦人崇戴之情"。

第十四处，碑刻中"正德丁丑……而建祠之事毕矣"，何悌《记》无此段。

第十五处，碑刻中"而不至于泯没无闻也哉。今兹之举，系人心，关风教，益治体，非细故也。廷信启其端，崇厚、宝之、应岐踵其事，皆可书也。谨志其概，俾后有所考焉"，何悌《记》作"而不至于湮没也哉。

今兹之举，益治体，关风教，系人心，非细故也。王君启其端，宋、金二侯成其事，皆可书也。谨述始末，列之坚珉，俾后有所考焉"。

第十六处，碑刻中"正德十二年"之后的落款，何悌《记》无此段。

由上可知，何悌《新建王张祠记》创作在前，正德十二年佘崇凤刻碑在后，二者虽有些许异文，但大体上相差无几，同为建祠的重要史料。

然唐昌朴《钓鱼山碑记小议》（载于《钓鱼城历史学术讨论会论文资料集》，1982年）一文认为，万历《合州志》收录的何悌《新建王张祠记》是抄录正德十二年佘崇凤碑刻，且有所遗漏和异文，并有例证。二者之异文，笔者已逐一条列，此不赘述。但唐昌朴所举万历《合州志》缺记"正德丁丑，孝感佘崇凤应岐来守，以春祭谒祠下，询知曾有记而未刻，遂命工伐石，刻置堂东，而建祠之事毕矣"一段，实不足以证明万历《合州志》抄录碑刻，因何悌之记文在前，岂会预料正德十二年佘崇凤刻碑之事？相反，这正好证明万历《合州志》收录的何悌《新建王张祠记》应是原文，而佘崇凤刻碑时是根据何悌之记文，并对原文作了些许修改，添加了自己的事迹。至于唐昌朴认为佘崇凤碑刻对后世重抄或翻印《合州志》有校正的作用，此说确然，因后世《合州志》所录此碑记的确有讹误之处。

另外，万历《合州志》又收录有《新建王张祠本末》一文，可资参考，附录于下：

新建王张祠本末

户科给事中王玺奏六事，内一款，褒忠节以励士风。

臣闻赏一人，而千万人劝怀，于既往之忠节不有以褒之，何以励士风而劝将来乎？切照宋之季世，合州守王坚守钓鱼城，抗北虏方张之势，为蜀口不拔之基，血战以挠敌锋，倡议以坚民志，拒守历十余年，城虽屡危，而终不可夺，以功进宁远军节度使。安抚张珏代之，自开庆受兵，民凋弊甚，珏外以兵护耕，内教民垦田积粟，未再期，公私兼足。自后北虏益炽，战守益严，珏誓以死自守。北虏累招之，言虽切而卒不变其所守。后迁渝州制置使，竟以不屈死。

若二臣者，一以生而尽臣节，一以死而全臣节，使北虏不得长驱而奄有全蜀者，未必非二臣力也，虽张巡、许远之守睢阳，何以加之？是以英风峻节，相望于巴江鱼山之上，直与日月争光，河岳争壮，至今合人诵之，全蜀诵之，天下之人亦无不知也。质诸祭法，以死勤事，以劳定国，宜乎血食，兹土而祀典无文，诚有待于今日。伏望陛下追念宋臣忠于所事，勅令该部查照，奖其忠节，进以崇阶，仍即钓鱼山建祠祀之，庶几有以慰忠魂于既往，励臣节于将来，而天下后世，皆知所劝矣。弘治五年十一月初六日，于奉天门奏。

奉圣旨，该部看了来说，钦此。都察院备行巡按四川监察御史张鸾，转行合州知州金祺勘实，果如所奏，申报复闻，遂于弘治六年甲寅，立祠以祀焉。

（四）其他

"独钓中原"石坊

此坊在护国寺山门外，与山门正对。据刘道平《钓鱼城的历史与文化》一书称，原坊建于明万历四十六年（1618年），上有万历年间合州进士李作舟题书的"独钓中原"四字。后来此坊毁于"文革"，1986年钓鱼城管理处依据县人保留的照片复原。

笔者按：

关于此石坊的建立时间，张森楷认为是南宋乾道年间，民国《合川县志》卷三十六《金石》载"独钓中原"石坊："在钓鱼山护国寺前石阙上，为宋邑令普慈杜定书。行楷，径可尺许，今存。""宋邑令普慈杜定"，即南宋乾道年间任石照县令的杜定，他于乾道辛卯年（1171年）在钓鱼山建有飞鸟楼，故张森楷认为"独钓中原"石坊可能为同一时期所建。然乾道年间钓鱼山尚未筑城，还没有在此处发生宋蒙战争，何来"独钓中原"一说？故从刘道平之说。

另，王利泽《钓鱼城》书中还补充了此石坊上原来的文字：

钓鱼山古□□是宋将拒元宪宗处
独钓中原
明万历四十六年李作舟书

第二节 明代摩崖题刻及碑刻的特征及其价值

(一) 明代摩崖题刻及碑刻的特征

明代钓鱼城的石刻留存数量不多，且都为明代中期以后所刻，或许因元代钓鱼城成为禁区荒废有关，明代初期尚未恢复，直至弘治、正德年间新建王、张祠，方见石刻，故建祠之举可算是转折点，使钓鱼城重新焕发光彩。

明代钓鱼城石刻的内容大都为记游和题诗，且多为写景抒情、咏史怀古之作，唯王世沆题诗用佛家语。另有建祠碑刻及李作舟题"独钓中原"，表现出对钓鱼城守将的崇敬与赞扬。

(二) 明代摩崖题刻及碑刻的价值

1. 反映出对钓鱼城抗战的肯定及对王、张二人忠义精神的赞扬

《新建王张二公祠堂记》碑刻中首先回顾了王坚、张珏在钓鱼城抗元时做出的突出贡献，认为"时宋室已亡，全蜀皆陷，而合独后，公之力

也",然后记述了王张祠的建立过程,并赞扬王、张二人的忠义精神,可"与日月争光,山川同久",最后表明建祠之举可以起到教化的作用,即"系人心,关风教,益治体"。

李尚德《将北上登钓鱼城》一诗虽为咏怀之作,但其中"山属大明蠲宋愤"一句则表示明代推翻元代,为宋代一雪前耻,暗含民族意识,即对钓鱼城抗战的肯定。另有李作舟所题"独钓中原",也有此意。

2. 为文学之士张佳胤与陈文烛的交游提供佐证

张佳胤为明代文坛"后七子"之一,陈文烛也是当时名士,但目前学界对二人及作品的相关研究还不够充分,二人在各自诗文中都有唱和,而保存于钓鱼城的五岳山人诗碑和居来山人诗碑正好是二人交游的实证,也是二人生平经历的重要参考线索,为相关研究者提供了参考价值,具体见前文按语。

清代摩崖题刻及碑刻

第三章

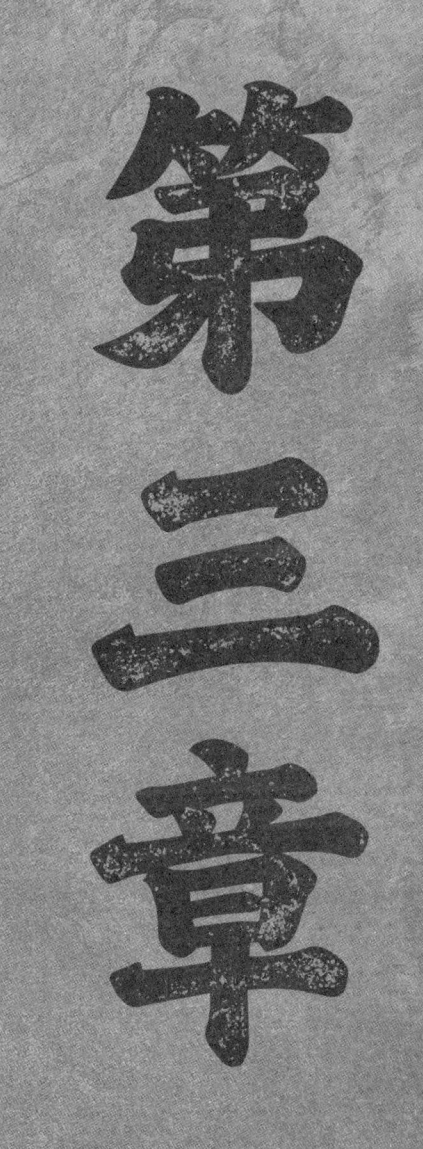

第一节 清代摩崖题刻及碑刻分类

(一) 忠义祠相关碑刻

1.《重建钓鱼城忠义祠记》

此碑刻现存于忠义祠内,系乾隆二十五年(1760年)合州知州王采珍所立,现保存较为完好。据碑文大意,明代弘治年间所建王张祠在当时已毁坏,王采珍重建时,加上奉祀余玠、冉琎、冉璞三人,改名为忠义祠。现据碑刻,将其内容录于下:

> 重建钓鱼城忠义祠记
>
> 余曩以南溪令署州事,登钓鱼山访遗迹,山巅旧有祠祀王、张二公,荒烟蔓草中基址仅存,碑屹然立,志诸公事甚详,读之,耿忠大义,凛凛有生气,意欲复建祠,因移官成都,愿莫之逮。乾隆己卯,余复奉简命守兹郡,求古人造福合民者表章之,期与民共不忘。郡人士为余言曰:州治东北钓鱼山,三面据江,最为州形胜地。宋余公玠守蜀,与播州冉氏兄弟谋,始成城,蜀民重赖之。王公坚聚五县民以完其城,协心战守,而民以安。王去,张公珏代其任,民之保护安全者数十年。明弘治初,郡人念福民功不敢忘,官于朝者上其事,为王、张立祠,以春秋祀焉。正德间,郡守余崇凤为碑记之,迨今瓦砾无一留者,而碑仍如故。父老相与告语:"不衰福于民,民亦不忘,而

无庙祀，可乎？"余曰："此吾曩时素志也。"爰捐俸为倡，诸绅士以次输。旧基地苦荒，不能耐风雨，就护国寺侧建祠三楹，古碑二并移之，门廊垣墉，不逾月而工竣。复从郡人请，推本制使余公玠，附以冉公琎与弟璞，为五公位，颜曰"忠义祠"。维忠与义，后先相继，与日月光，与山河久，用民之力，全民之命，系民之思，享民之祀。郡人士咸以为然，乃伐山石，镌以日月，尚俾后者知福民而民自不忘，有所取法云尔。

赐进士出身奉直大夫知合州事渤海王采珍撰并书。

广西宜山县知县改授学正鱼复邓瑄、重庆镇标右营驻防合州把总锦江吴定国、合州训导古符曾昇、合州吏目平江金钦恭。

董工绅士：贡生董汉文、苟企潼、张朝聘，庠生刘世卓，监生陶廷宠、蔡文英、彭子重、李世泽、刘世元。

乾隆二十五年岁次庚辰孟冬月上浣吉日。

石工周持章。

注：

王采珍：据民国《合川县志》卷六《官师》载，王采珍，字昆岩，山东滨州人，进士。乾隆十九年（1754年）以南溪知县调署合州知州，两年后迁知成都县，乾隆二十四年（1759年）复授合州知州。

笔者按：

民国《合川县志》卷一《形势》之"东山经钓鱼山"部分载："又西二里至护国寺……寺三重皆梵宇，最西偏有忠义祠，祀宋余玠、冉琎、冉璞、王坚、张珏五公。初为明知州金祺创建王、张二公祠，清乾隆中，知州王采珍重修，加入余、冉为五公，树扁曰'英风峻烈'。"

2.《钓鱼城功德祠》

此碑刻今存于忠义祠内，今仍可见，有少许风化，系乾隆四十四年（1779年）陈大文所立。据碑文大意，陈大文认为王立、熊耳夫人、李德辉三人于合州人民有再造之恩，应予以奉祀。现据碑刻及拓印图，将其内容录于下：

钓鱼城功德祠

钓鱼山，在合州东北十里，倚天拔地，雄峙一方，三面临江，形势陡绝。宋淳祐癸卯，余公玠帅蜀，从冉琎、冉璞谋，于此筑城，徙州治其上，为守蜀计。开庆己未，元宪宗侵蜀，驻兵城下，郡守王公坚、张公珏，相继战守，宪宗为飞石所中，致疾而殂，曾遗诏，于克城日尽屠其民，以雪仇耻。嗣珏擢重庆，继以王公立为安抚。至元丁丑，北兵攻围甚急，立尚拒守鱼城，朝命不通者三年，珏死难，重庆亦失，鱼城无援。立于是时誓死报国，岂有二心，惟环顾数十万生灵，共罹屠毒，愁蹙不食。其之义妹熊耳夫人，乃掳自北营，命侍其母，见立之忧，始告以成都总兵李德辉即其亲兄。立谋札求投，李公知夫人在鱼城，乃尽心上奏，仍先倾兵至城下，立竖降旗以迎。北军中有汪总帅者，必欲屠城剖赤，以报先帝之命，适朝使至，尽赦其罪，州之民感李公德，建祠祀之。

明弘治壬子，郡人念王公坚、张公珏尽忠于宋，有功于合，官于朝者上其事，为祠城上，春秋祭焉，百余年来，仅存基址。乾隆己卯，刺史王公采珍建祠以复，推余公玠，附以冉公琎与弟璞为五公位，颜曰"忠义"，李公德辉则置之勿议也。

丙戌春，予来佐是邦，尝登鱼城寻访遗躅，或议立降为失计，嗟乎，岂以鱼城为天险，合天下攻之不破耶？公之宁屈一己而保全宋室遗民，非如沿江诸人，全躯取富贵可比，令立守，区区匹夫之谅，挈此数十万生灵与之偕死，亦未始不可谓尽忠待宋，然孰谋书致李帅抗疏赦罪，使宋室遗民咸得存活，所全实大哉！以立为失计者，何勿之思也！王、张二公高风劲节，固与日月争光，山川共久，而李公德辉、王公立与熊耳夫人，实有再造之恩，亦应享民之祀。郡人士咸以为然，亦于城上为祠设位，颜曰"功德"，落成日系之以诗：

北军围击近重闉，报国何能死一身。

讵敢降元忘故主，只缘为宋保遗民。

顺时谋札传千里，抗疏回天力万均。

合水受恩同再造，酬功今日庙堂新。

功德祠，余昔在合时所立，作记以述其概，今余复守是郡，庙貌依然，此记未经勒石，恐前人功德久而复湮，因即前记以贞铭不朽，非敢自托于表微之义也。

乾隆己亥春日，郡守吴门陈大文。

注：

丙戌春，予来佐是邦：乾隆三十一年（1766年），陈大文选授合州吏目，实为佐官。

乾隆己亥：即乾隆四十四年（1779年）。

郡守吴门陈大文：据道光《重庆府志》卷四《职官志》，江苏吴县监生陈大文于乾隆四十年至四十四年任重庆府知府，故称郡守。吴门，苏州的古称，此处应指苏州下辖的吴县，即陈大文的籍贯。据民国《合川县志》卷三十八《名宦》载："陈大文，字□□，江苏吴县人。（张《志》作浙江人，今未知其孰是，而寇《志》较详，姑从寇作。）初入粟为监生，坐监期满以杂职用。乾隆三十一年，选授合州吏目……大文旋擢知县用，干济闻，擢忠州直隶州知州，四十年迁重庆府知府，历云南迤东道、贵州按察使、广东布政使、调四川布政使。嘉庆二年，擢广东巡抚，卒官。"另，《清史稿》列传一百四十四也记有一位陈大文："陈大文，河南杞县人，原籍浙江会稽。乾隆三十七年进士，授吏部主事。典广东乡试，累迁郎中。四十八年，出为广西南宁知府，擢云南迤东道。历贵州、安徽按察使，江宁布政使，皆有声。父忧归，服阕，补广东布政使……嘉庆二年，擢巡抚……四年，调山东巡抚……八年，授两江总督……九年，召授左都御史，未至，擢兵部尚书……二十年，卒于家。"因这两位陈大文履历有些相似，不知是否为同一人，故存此备考。

笔者按：

陈大文于乾隆三十一年任合州吏目时，将王采珍所建钓鱼城忠义祠续建并更名为钓鱼城功德祠，增祀王立、熊耳夫人、李德辉三人，但当时没有立碑，后于乾隆四十四年以重庆知府身份立有此碑。详见下文"陈大文题诗"中的按语。

3.《培修贤良祠碑记》

此碑刻现存于忠义祠正厅外过廊之右，与护国寺一墙之隔，系光绪五年（1879年）合州知州徐金镛、华国英培修贤良祠后所立。碑文有部分风化，现据碑刻及拓印图，将其内容录于下：

培修贤良祠碑记

《易》有之："立人之道，曰仁与义。"当时代颠覆之际，能以孤城守御，至捐躯命而不惜者，义也；值兆民危迫之秋，能以一言保全，俾出水火而获安者，仁也。仁人义士，所以扶持纲常，撑拄天地，其流风所被，使人感仰思慕，历久常新，而其间表章仁义与激发后人仁义之良，则贤司牧之事也。

合之钓鱼山，旧有宋代蜀制置使王、张二公祠，创于明弘治中，迨后复祀蜀前制置使余公与谋士二冉公，后又增祀元总管李公及其妹熊耳夫人，今并祀宋降将王立，额曰"贤良祠"。之数公者，或以谋猷显，或以忠节称，或以德泽著，载于史，详于志，所谓义士仁人，诚无愧矣。至若熊耳夫人，以一女子而能画策以救危城，王立虽未殉国，而能顺天以全万姓，亦有合仁之道焉。

祠宇既立，崇报不缺，但历年既久，风雨剥落，州人士屡议修葺，未果。光绪五年，邑侯徐公莅兹土，百废俱兴，仲春致祭斯祠，瞻仰之下，景慕前贤，睹夫规制之未备，谓无足妥神灵而壮观瞻，乃传集书院首事，议培修之。代理州事罗公振汉力为措赀，工兴数月，是冬，徐公卸事去，继署州篆华公为督其成，而祠宇顿觉改观。斯役之兴，盛事也，亦美政也。

予尝谓世道之坏，系于人心，人心之坏，由于罔知仁义，仁义既蔑，虽一朝通显，当封疆将帅之任，卒致临难而背叛君父，逞志而草菅兆民，稽之史籍，可悉数哉！若今贤侯徐公、罗公、华公，以仁义之心，表章前代之仁人义士，实所以激发斯人仁义之良，其有裨世道，益人心，关治体，非浅鲜也。故谨记其略，以为后之守此土者劝云。

贵州举人现署合州事华国英、直隶举人前署合州事徐金镛。

训导陈绍业、汛厅李洪才、邑副榜颜泽光撰。

委员罗振汉、吏目夏道琛、货厘委员李毓玠。

书院董事康作诰、段秉阳暨五里绅粮同建。邑人刘炳铨书。

大清光绪五年岁次己卯嘉平月吉立。护国寺住持僧定一监修。

注：

贤良祠：民国《合川县志》卷一《形势》之"东山经钓鱼山"部分载："后知府陈大文加入王立，更名贤良祠。知州徐金镛更加入李德辉、熊耳夫人。知州曾受一为树扁曰'合阳再造'。"据前文，陈大文乾隆四十四年（1779年）《钓鱼城功德祠》中并未提及贤良祠，或许是后来所立，增祀李德辉、熊耳夫人者乃陈大文，非徐金镛。另，据民国《合川县志》卷六《官师谱》，曾受一于乾隆三十四年（1769年）任合州知州，其"合阳再造"牌匾不知是为功德祠还是为贤良祠而立。今存此备考。

徐金镛：据民国《合川县志》卷六《官师谱》载，徐金镛于光绪元年（1875年）任合州知州，光绪二年知州为费兆钺，光绪六年卸任。此碑中称徐金镛于光绪五年（1879年）任合州知州，是年冬卸任。或许《官师谱》记载有误，未知孰是。

华国英：贵州遵义举人，光绪五年（1879年）冬任合州知州，光绪八年（1882年）离任。

笔者按：

此碑记称"培修"，可知此前贤良祠已存在，此举应是由合州知州徐金镛、代理州事罗振汉、继任知州华国英共同完成，意在"表章仁义与激发后人仁义之良"，故对王立、李德辉、熊耳夫人持褒扬态度。但碑记中的议论实为徐金镛、罗振汉的观点，因华国英刚上任，不明情况，对贤良祠"循例行礼"，而后遍考史志，才转变之前的观点，故有重修钓鱼城忠义祠之举，详见下文。另，"贤良祠"之称不知起于何时，《县志》记载是由陈大文更名，然陈大文是将"忠义祠"更名为"功德祠"，至于陈大文是否后期又将其更名为"贤良祠"，未见其他佐证，不可得知，存此备考。

4.《重修钓鱼城忠义祠碑记》

此碑刻系光绪七年（1881年）合州知州华国英所立，碑石共3块，现存忠义祠内。现据碑刻及拓印图，将其内容录于下：

重修钓鱼城忠义祠碑记

国家当危疑震撼之秋，安得雄略远识之人奋发兴起，为之系人心而维国脉。夷、齐之耻食周粟，子房之专为韩仇，诸葛之力延汉祚，艰难险阻，百折不回，国亡而心仍未死，理在而数若难争，古今豪杰伤心之事，莫逾于此。然要恃乎朝廷之养士尊贤，以培兹元气也。余本播人，少时夙闻父老盛称乡先贤冉公琎与其弟璞，两先生之才，未得尽展底蕴。长读史，载二冉具文武才，前后阃帅辟召，坚不肯起。余公玠抚川，筑招贤馆礼士，闻其贤，往谒之，礼待甚，至酒酣，座客方纷纷竞言所长，二冉卒默然。又旬日，谓余公曰："某兄弟辱明公礼遇，思有以少裨益，非敢同众人也。蜀口形胜之地，莫若钓鱼山，请徙诸此，若任得其人，积粟以守之，贤于十万师矣，巴蜀不足守也。"余公大喜曰："玠固疑先生非浅士，先生之谋，不敢掠以归己。"遂密闻于朝，请不次官之，徙城之事，悉以任之。命下，一府皆喧然，以为不可。余公怒曰："城成，则蜀赖以安；不成，玠独坐之，诸君无预也。"城成后，余公慷慨自许，有"挈故地还天子"之语，此时天下事尚大有可为也。无何，余公以谗召还，而两先生卒未大用以尽其才，虽当年运数使然，而宋亦未免自伤元气也。

南渡而还，北兵日益猖獗，泛滥中国，莫之敢当。郡守王公坚、张公珏，前后相继，聚秦蜀十余万之众于此，力图战守，出奇制胜。元宪宗括天下精锐，浩浩荡荡，一涌而前，驻跸龟山，攻围累月，亲冒矢石，遭炮风，败溃，行至温汤峡而殂。计此城始于淳祐二年，降于景炎三年，中间三十余年以来，宋室凌夷，中原板荡，而东南半壁，宋祚只余一线，无非恃此一拳中土，为国家恢复之基，然则鱼城之存亡，岂细故也哉！大堤云横，屹如山岳，其视尺寸之土，本不能为堤之损益，然水潦暴至，势与堤平，犹有尺寸之土未没，迨水势消沮，濒水之亿万生灵，皆赖此尺寸堤防，以免于汩没之灾，则安得以尺寸之土而小之？"向使国不亡，功业竟何如？"信国公诗已成当时定论。是则王、张二公不遗余力，忠心存宋，其功实在社稷，盖宋朝之元气虽伤，而历代作育之泽犹有存也。

明弘治初，郡人念王、张二公福民之功，官于朝者上其事，为立专祠，春秋祭祀。嘉靖时，大诏天下，凡遗爱在人、乡评有据者，请入祠奉祀。余、冉、王、张五公，一时皆崇祀名宦。至国朝乾隆十九年，前刺史王采珍来守是邦，见庙宇倾颓，倡捐重建，复从郡人士请，推本制使余公并冉氏弟兄为五公位，颜曰"忠义祠"。此真见天理之常存，人心之不没也。

余下车以来，访民疾苦，因屡年水灾，困苦流离，骤难兴复，敬谒忠义祠神，为我民祈福。登临间，见鱼城胜迹，山高千仞，峭壁悬岩，三面环江，雄疆西控，流连赏叹，摩挲久之，慨然想见古名贤制治经邦之大略，丰功伟烈，积久弥光，宜乎合人之兴，思不置也。其庙虽屡经前任培修，有前后墙垣，无左右廊舍，将何以肃祀事而迓神庥？因商同州人士为捐廉补修。功竣之日，为之计日月，序位次，五公之外从祀者，有元四川总帅李公德辉，并元怀远将军王立。李公于合有再造之恩，祀之固宜，至王立，为宋之叛臣、元之降人，以之从祀，是为渎祀，神必不享。余初以为州人之私祀也，退而考厥由来，明时郡人初为王、张二公请专祠，并未及立，后请五公入名宦，立亦未与。至国朝乾隆三十一年，州吏目陈大文初莅合阳，私请入祀，且为作记吟诗，以表其忠，后复守是邦，始行将前作镌碑勒石，不知何心？《州志》载州人朱奂之论曰："责立之降犹有辞，责立之不死又何以自解？"下笔严谨，字字诛心，永为千古确议。必如大文之言，堂阜之囚不死，仲固留一身以匡天下，岂鱼城之民既降，立遂得留一身以享富贵乎？且宋亡时，死国事者多矣，皆不如立之善自为计，如陆秀夫、张世杰死于海，李芾死于潭，赵昂发死于池，江万里死于饶，姚訔死于常，文相国死于燕市，以及赵时赏等，同相国先后与难者百人，官阶、功绩同列《忠义传》，虽百人中有未死十四人，而卒能以节终者，亦得附祀。此皆宋朝三百年来祖德宗功栽培积累，始获报于今。峥嵘大节，照耀两间，正与五公之忠义相类，王立能毋对之生愧？

然吾于此窃叹，夫合人之风俗厚而礼教明，所以代生贤哲也。何者王立之不得从祀？匪惟王立知之，而合人早知之，置之不议不论之列，合人自无伤乎忠厚，乃合人本欲为之掩其失，而大文反为之表其功。表其功者，即所以彰其失，是王立为五公之罪人，而大文又为王立之罪人也。宋儒吕伯恭曰："待人欲宽，论人欲尽，非故刻也。"吾辈知人论世，必本《春秋》笔削之义，为万世立纲常、重名教，俾天地之正气常伸，而我国家之元气斯能蒸蒸日上也。因作记而附论及之，以告后来之与祭者。

光绪七年岁次辛巳季秋月，知合州事播郡华国英撰并书。

注：

华国英：贵州遵义举人，光绪五年（1879年）任合州知州，光绪八年（1882年）离任。民国《合川县志》卷三十八《名宦》载："华国英，字健安，贵州遵义县人，登同治丁卯科乡榜，再会试不第，援例分发四川以知县用。光绪三年署新都知县，有政声。五年调署合州知州。……州东钓鱼山故有昭忠祠，祀宋王坚、张珏、王立、元李德辉及其妹熊耳夫人，州官岁时致祭，国英循例行礼。还，遍考史志，以王立宋降将，不得与坚、珏同列。乃留坚、珏祀如故，而迁立、德辉、熊耳于报恩祠，以名义不可假也，其主持风教如此。八年，升补叙永厅同知，卸事去。"

笔者按：

华国英刚上任时，参与了培修贤良祠，两年后通过重修钓鱼城忠义祠，重申个人观点。他对王立的评价，与陈大文不同，特别反对将王立入祠奉祀，认为合州人将王立置于不议不论之列，"本欲为之掩其失"，而陈大文反为之表功，"即所以彰其失，是王立为五公之罪人，而大文又为王立之罪人也"。因此，华国英将王立、李德辉、熊耳夫人另设报恩祠以祀。

郭沫若于1942年游钓鱼城，并有《钓鱼城访古》（见《郭沫若全集》历史编第三卷，人民出版社，1984年版）一文，文中称"碑和碑在石头上打笔墨官司"，即指华国英的《重修钓鱼城忠义祠碑记》与陈大文的《钓鱼城功德祠》。郭沫若评价华国英的碑记："这文章实在并不高妙，冗长而无力，全不合乎碑志体裁，不过在观点上还比较正确,是可取的唯一的一点。"又评价陈大文立功德祠的做法是"十足的顺民理论":"王立者,二臣降将,他的所谓'义妹熊耳夫人'也分明是一个女间谍,这是毫无问题的。然而偏偏有胜清乾隆年间的吏目为之歌功颂德,使王立、熊耳夫人与王坚、张珏同受禋祀,可见清朝的顺民教育是怎样的彻底了。"

至于华国英提及"《州志》载州人朱奂之论",称其"下笔严谨,字字诛心,永为千古确议",即朱奂的《祀王立论》(见光绪四年《合州志》卷十二),可知在华国英之前已有对王立之祀提出异议。查光绪《合州志》卷十《人物志》,朱奂,字砺山,道光二十六年(1846年)举于乡,次年成进士,签分广东知县,以父母衰老,请假回籍,家居十一年,年仅三十四以瘵亡。现将朱奂《祀王立论》附于下,以资参照:

予游钓鱼山,山有祠,祀余玠、张珏诸公,并祀王立,予心疑之。祀立者,以其虽降而能存宋之遗民也,夫以存遗民为可降,则崖山移驻,民之死亡几尽矣,文山诸人何不屈一己之节以恤疮痍之众？张珏当渝城攻围之日，生灵讵止数万，能必其城破不遭残杀乎？亦可降以保全之，何弗降？盖自古有死，无信不立。守土者，虽时势万不可为，亦祗尽心筹战守之策，为百姓扞蔽。济，则斯民之福，不济，则率民死难，使民皆为忠义之民，于民乎何负？恶可降耶？且即谓立为民降，心终可原，而既以城降元，俾宋民得不死，即当以身殉宋，随宋祚以俱终。如此，则元之君臣感立报国之忠，爱民之仁，愈不忍伤城中之赤子矣。立乃复受元官爵，噫！责立之降，立犹有辞，责立之不死，立何以自解乎？予故见立之祀而心疑之。

5. 忠义祠祭台祝文石刻

王利泽《钓鱼城》书中记载有此石刻，位于忠义祠祭台，今未得见原刻，仅有展示牌。因其书中笔录有少许失误，现据光绪《合州志》及展示牌，录于下：

> 维神才兼文武，志秉忠贞。画地成城，据形胜而保蜀土；协心战守，遗鱼饼以退元戎。忠诚贯日星，后先相继；大节凌霄汉，今古照临。兹届仲春、秋，爰修祀典，肃陈笾豆，伏维来歆，尚飨。

注：

光绪《合州志》卷七《典礼》之"祀典"中在祝文内容前还有部分文字，现录于下。

祝文：宋四川安抚制置使前守合州余公，宋四川制置使前守合州张公，宋权通判合州冉公，宋权管合州冉公，宋宁远节度使前判合州王公，元四川总帅李公，元怀远将军领合州军民安抚使王公之神位前曰。

笔者按：

光绪《合州志》卷七《典礼》之"祀典"中还有熊耳夫人的祝文，现录于下。元熊耳夫人之神位前曰：维神武纬文经，忠心贯石。顺时而著奇谋，功资义妹；抗疏以回天意，德自难兄。故主敢忘，数百万遗民获保；丹心常在，千百年庙祀攸隆。兹届仲春、秋，爰修祀典，恭陈笾豆，来格来歆，尚飨。

以上两种祝文中有李德辉、王立、熊耳夫人三人，故其镌刻时间应在华国英光绪七年（1881年）《重修钓鱼城忠义祠碑记》之前，陈大文乾隆四十四年（1779年）《钓鱼城功德祠》之后。

光绪《合州志》卷七《典礼》之"祀典"中另收录有一种忠义祠祝

文，暂不明其具体年代，存此备考。忠义祠祝文：维灵秉赋贞纯，躬行笃实。忠诚奋勉，贯金石而不渝；义问宣昭，表乡间而共式。祇事懋彝伦之叙，克恭念天显之情，模楷咸推夫懿德，纶恩特阐其幽光。祠宇惟隆，岁时式祀，用陈酒醴，来格几筵，尚飨。

（二）护国寺相关碑刻

1.《永垂万古·积善标名》

此碑刻位于护国寺内左侧墙壁旁，分刻为两块碑，碑文分为"募装护国寺大佛全堂金身"和"捐资者姓名"两部分，系乾隆六十年（1795年）装护国寺大佛金身所立，今已风化，仅能辨认少数文字，现据残损碑刻及蒋晓春等编《南宋末川渝陕军事设施的调查研究》第四章"钓鱼城地面文物"所录，整理如下：

永垂万古·积善标名
募装护国寺大佛全堂金身

州治之东有山曰钓鱼，层峦险峻，攀援难跻，宋元构兵，州贤侯相地度势，徙城民于兹，固守者数载。后人创建寺院，因名曰护国，诚州□之保障，一邑之名区也，但世远年淹，佛像摧残，金容剥落，瞻礼者莫不咨嗟而悼叹。僧甫承住持，奈之兼金，只得持簿募化，官耆绅士、仁人长者，乐助金赀，重新佛像，功成告竣，垂名勒石。庶护国有来仪之凤，钓鱼有变化之龙，人文蔚起，科甲连缙，升平咸臻，福寿士善，起发一时之念，大佛重辉千载之光，慈光普照，富贵天来，以是为序。

  特授四川重庆府合州正堂加五级记录□□□
  特授四川重庆府合州儒学□□□□□□
  特授四川重庆府合州儒学□□□□□□
  特授四川重庆府镇标右营驻防合州□□□
  署四川重庆府合州右堂加三级记录□□□□

（以下为捐资者姓名，约400余人，此处省略。）

大清乾隆六十年岁次乙卯冬月朔三日穀旦

2.《护国寺捐修山门记》

此碑刻位于护国寺大门上右方，嘉庆六年（1801年）刻，今保存完好，内容如下：

护国寺捐修山门记

护国寺，州名胜地也，创始于四祖师石头和尚，宋绍兴中，思南宣尉田少卿建堂殿廊庑百有余间，以兵燹故，遗址仅存。逮国初，仍旧迹创两殿，供佛菩萨，方丈僧堂粗就，官嗣建忠义祠于旁，楹檐□敞，启蒙克复初，登览者不无怀古之思。辛酉春，僧福连托钵募塑罗汉象成，复鸠工伐石，竖山门，筑垣墉，焕然丕振，手植竹柏千余本，葱蔚环森，费赀百金，盖连师苦行齿积，自为者也。连师俗姓萧，故州永里人，幼入寺为僧，继习禅东山属派，同往来无间。余家迩寺，课业山房，稔彼恂恂如而守戒行，美之。今主兹寺甫一闰余，偿前逋渐复旧制，知其将来修举废坠，壮观丛林者，正未有艾也，爰署联句于柱，而为之记。

己未恩进士候铨直隶州分州里人李巇肃园氏撰书。

住持师、刚全师、叔源、叔琳、叔贵，道友广华、广玟、广惺；

当代住持僧智会字福连，徒胜丛、胜华。

嘉庆六年辛酉岁冬十月下浣之吉　同建立。

3.《新修罗汉·永远碑记》

此碑刻位于护国寺内左侧墙壁旁,分刻为两块碑,碑文分为"募塑罗汉引"和"捐资者姓名"两部分,系嘉庆六年(1801年)新修护国寺罗汉后所立,今已风化,仅能辨认部分文字,现据此碑及拓印图,抄录于下:

> 新修罗汉·永远碑记
> 募塑罗汉引
>
> 　　州治东十里许钓鱼城,寺名护国,灵山古刹也,巍峨巨镇,三面临江,为全郡之大观,实巴渝之保障。南宋安抚制置使余公玠修筑钓鱼城,屹地抗击元人,丰碑国乘,焕若日星,惜遭明季兵燹后,珠宫绀殿,悉成劫灰,基址仅存,无能创复。历盛朝百五十八年,前后两殿及西廊、香积厨诸梵宇□□□,几筵鳞集,而诸佛菩萨像教未全漫,说唱呗偈于临济,伫望天雨飞花,即今振祖堂之鼓钟,难觅佛窟灯火,恐亦大雄氏之窃痛也。且印证西来经藏,莫大于罗汉,寺无金容,终属缺憾。爰请护法檀那,并祈高贤义士,各破悭囊,共成善果,将见金碧庄严,慈容之满月,常灿精蓝,永盛佛工之日,论天兹施舍,宁有边涯,幸勿惜锱铢之财,请同种无量之福。是为引。
>
> 　　己未恩进士咨部注册候铨直隶州州判永里李矗盥手撰并书。
> 　　署四川重庆府合州正堂加五级记录十二次吴□□。
> 　　特授四川重庆府合州右堂军功加三级记录十次万□□。
> 　　(以下为捐资数额及人名,约800余人,此处省略。)
> 　　大清嘉庆六年岁次辛酉月建乙亥朔十日吉旦。
> 　　当代住持僧智会、福连,徒胜丛、胜华,徒孙常见同立。

笔者按:

王利泽《钓鱼城》书中记载有《新修罗汉费用碑记》,同为嘉庆六年(1801年)所立,又注明此碑已不存在,系20年前笔录。笔者亦未见此碑,然疑与《新修罗汉·永远碑记》有关,故转录于此,以俟备考。

> 新修罗汉费用碑记
>
> 　　买竹子八十根,去钱五十千一百文。买灰纸巾二,共去钱二十二千八百文。大泥壁头工价费,共去钱三千四百文。石匠修龛□碑二次工价费用,共去钱二十七千文。画工,去银五十六两。会薄二次,共用钱十四千二百一十文。夹泥石匠画工抬碑写字靠作,以上杂用共去

钱四千八百六十文。开光治酒三十五席，共费用四十四千四百七十文。总共费用钱一百四十七千八百四十文。总共募功果钱共一百六十四千文。

大清嘉庆六年岁次辛酉月建乙亥朔十日吉旦。

4.《重修护国寺碑记》

此碑刻现存护国寺内左侧墙壁旁，系道光十年（1830年）刻，风化较严重，现据此碑及拓印图将其内容录于下：

重修护国寺碑记

护国一寺，由来久矣，其创自唐，宋与仍遗址而建修之。天海、觉乘、广净僧者，名笔自有记载，无庸赘述，第年久倾圮，补茸无人。国朝嘉庆六年，有僧智慧者，杰出其间，造作山门，募修罗汉，历年来，倾者振之，圮者培之，志图更张重新，不以此而遂已。奈十五年间，郡白塔寺僧罔持法戒，贤侯董刺史以智慧善度支，命彼主持来住白塔，而以此寺交徒胜丛经理。其徒胜丛亦杰僧也，性节□□，建创成守十数年，仰体师心，不藉人力，惟本积储，以命匠纠工，极力改修前殿，补修后殿，增修佛像龛座，阶坎阑干，以及东廊、西廊、山门外阅台、梯坎、路石，内天井、大石坝，概行改观。经始于丁亥，落成于庚寅首夏，凡越四载而功竣，约费千余缗，而是时智慧方以辉煌白塔殿宇功未完□为务，乘暇来兹，见庙貌重新，种种成色，一洗从前之陋规，不禁□□□□□，足慰未了愿也。曷勒诸贞珉。

当代住持智慧，代□□□□胜丛，胜恩、胜芳、胜泽、胜万，徒孙常转、常轮、常□、常轻、常修、常辑，徒末住池、住体立。

合阳绅邻诸山同□□□，桂林居士李朝幹撰并书。

大清道光十年庚寅岁孟夏二十七小满前二日穀旦。

5.《培修护国寺碑记》

此碑系道光十三年（1833年）胜丛培修护国寺所刻，位于护国寺大门上左方，今保存完好，内容如下：

> 寺僧胜丛，原系铜梁县人，俗姓汪氏。忆乾隆五十五年，自幼投师智慧名下为徒，师之所为，徒亦继之，历年叠次补修，莫不灿然垂之于碑。迨嘉庆十五年，师过东山，遂将护国寺事传徒监理。徒也钦承衣钵，不敢怠荒，因念此地为合阳名山之一，苟不更加培修，则无以壮观瞻，即无以尊神圣也。爰为上体师志，谨捐凤积锱铢，聚匠鸠工，购木开石，经始于癸巳之秋，两阅岁而落厥成，勒诸贞珉，悉已朗著，此非敢自侈其丰功也，不过欲使后之为徒者，当效余之朴诚，聊以继吾师之志云尔。
>
> 大清道光十三年癸巳岁十月上浣重修建立。

6.《增修护国寺碑记》

此碑刻现存护国寺内左侧墙壁旁，系道光十五年（1835年）所刻，风化较为严重，现据此碑及拓印图将其内容录于下：

增修护国寺碑记

尝闻创业维艰，守成不易，至不仅于守成，而守成之中复多创建，又岂易易事哉。如钓鱼城有寺名护国，创始自唐宋，补修由熙朝，阅乾隆八年碑志，历历可考，迨后上人智慧暨徒胜丛，叠为修培，其始末端委于道光十年镌碑炳垂，不复赘及。兹者胜丛，因念寺本名刹，为合阳胜境之一，凡乡绅仕宦、墨客商人，猎奇览胜，往来不绝于斯，兼之内有贤良祠在焉，州尊春秋临祭，亦恒于斯，而山门狭隘，曷足以壮观瞻。爰为上体师志，从而更张之，扩大之，且于内新修天王两殿，钟鼓两楼，天王神像龛座，川主祖堂龛座，复建石壁、照墙、海面，后复增修内斋堂、外厢房及厨房偏厦，后山门周围垣墙木石等项。自道光十三年八月起工，至十五年春季告竣，今已三载，约费一千八百余金。由是庙貌巍峨，规模宏敞，见者咸谓非□众善之力，恐未易及此，而不知非众力也，实由胜丛恪守师规，谨遵法戒，克俭克勤，本夙昔余积，独自为之也。所谓善继善述，能创能守，僧人中之伟丈夫、奇男子，不其然欤。余居近鱼山，备悉其详，敢以不文□词，纪其大概，总之不没其善之意云尔。是记。

龙溪朱维泰撰，张引中书。

合阳绅邻诸山同建。

石匠彭章。木匠赵中万。

临济正宗上智下慧字福连传住持徒胜丛、胜万、胜泽、胜恩、胜芳，徒孙常□、常转、常轮、常轻、常修、常辑、常□、常辚，徒曾孙住体、住鑠，捐修建立。

大清道光十五年岁次乙未时维春三月上浣毂旦。

7. 护国寺大门及楹联石刻

护国寺大门正中有"护国寺"三字，系道光十三年（1833年）胜丛培修护国寺所刻，内容为：

> 道光十三年癸巳岁小阳月
> 上浣吉旦
> 　护国寺
> 　住持智慧代理徒胜丛合院
> 大众重建

其右侧为"西竺"，其左侧为"遗风"。

其门两边又有楹联，系嘉庆六

年（1801年）护国寺捐修山门时李矗撰书，内容是：

> 城号钓鱼，三江送水开巴堑。
> 寺名护国，孤嶂飞云控蜀疆。

注：

此楹联乃摘取自明代成化年间合州进士冯衡《钓鱼城》诗中之句而成，冯衡原诗为："宋祚奄奄一线长，鱼山高处壮城隍。三江送水开巴堑，千嶂飞云控蜀疆。余玠有谋资班璞，蒙哥无计屈王张。英雄事业昭青史，庙食何人为表章。"（其诗见乾隆十三年《合州志》卷七）

8. 护国寺住持胜丛墓碑题诗

护国寺住持胜丛之墓位于护国寺后山丛林中，建于道光二十八年（1848年），墓碑上题有"圆寂本师胜丛法号山元老和尚之塔"，横额题为"清修宛在"，墓碑两边有对联"会彻三乘天真不昧，祛除六欲性理犹全"，碑上另有华蓥山庙主释昌言题诗，大致是悼念胜丛，现抄录于下：

> 钓鱼城上飞烟雨，钓鱼城下临江渚。
> 中有护国古名山，山有上人山之主。
> 幼体师志分勤劳，错节盘根经险阻。
> 龙象法力挽狂澜，废者兴兮缺者补。
> 岩前翠柏手自栽，蓊翳峥嵘争快睹。
> 寺门楼殿及缭垣，一木一石皆辛苦。
> 生平公案数千重，屈指终难更仆数。
> 于今撒手往西方，一片灵光归净土。
> 衣钵世代相续承，传之万古万万古。

9. "护国名山"石坊

此石坊为清道光年间护国寺住持胜丛(即山元和尚)修建,横额系胜丛亲笔,正面为"护国名山",背面为"护国禅林"。后来石坊于20世纪50年代末倒塌,现在所见石坊系1986年按照片重修,位于始关门外检票处下的大路正中。

(三) 佛教造像及补修题记

1.《祈嗣碑》

此碑刻位于千佛龛造像左侧石壁上，系合州人孙遥在千佛龛祈嗣成功后，于乾隆十八年（1754年）捐资补修千佛龛时所刻，现保存较好。内容如下：

> 祈嗣碑
> 合阳南津书院街信士孙遥同室陈氏癸心捐资就像补修
> 感灵显应诸佛一千位
> 乾隆十八年癸酉岁孟春月吉

2.《重装彩修千佛金身碑》

此碑刻位于千佛龛左侧石壁上,《祈嗣碑》右侧,系信众于咸丰八年(1858年)重装千佛金身后所立。因碑刻模糊不清,现据符永利《钓鱼城摩崖石刻造像的再考察》一文所载,录于下:

> 重装彩修千佛金身
> 　　由来谓佛现像而座刊,分身亿万恒河沙数矣,其无方详也。今钓鱼城乃名胜,山境有千佛教尊,年深久之。圣像□□系江南安庆府太湖县信女□王□□发□心彩装全堂佛身。□以□□□□刊碑,永垂不朽之兆也。信众刘瑞荣、魏思元。
> 　　咸丰八年岁次戊午仲秋月榖旦立。

3. 三圣龛造像题记

此题刻位于三圣岩佛龛内左壁，系道光二十三年（1843年）的造像题记，据石刻及拓印图抄录于下：

> 大清道光二十三年癸卯仲夏建修雕刻彩装
>
> 观世音菩萨、西方接引佛、大势至菩萨金身莲座，
>
> 祈佑本寺山门永镇，佛法长兴。
>
> 护国、白塔两寺住持智慧，徒监院胜泽、胜万、胜丛、胜恩、胜芳、胜葵，孙常修、常□、常转、常轻、常轮、常鳞、常辑、常□、常靖、常桂，曾孙住澈、住鏒、住坊、住体、住成、住暲、住瀛、住一，捐修建立。

4. 飞来寺外敬装观音像题记

此题刻位于飞来寺山门外右侧的岩石上，系信众还愿装观音像所题，因字迹已模糊，不明具体年代，疑为道光年间刻，现据符永利《钓鱼城摩崖石刻造像的再考察》一文所载，录于下：

> 信士杨维新同缘孙氏，男正椿、正松、正桂、正棠、正槐、正栾，虔心酬恩了愿，敬装观音大士金容金身一尊□□□□□□□十二日吉旦。

5. 飞来寺外重装观音像题记

此题刻位于飞来寺山门外右侧的岩石上，系道光八年（1828年）信众祈佑平安而重装观音像所题，现有少许文字剥落，据符永利《钓鱼城摩崖石刻造像的再考察》一文所载，录于下：

> 信士梁大章、妻张氏，男清重、侄清泉、清武，虔心敬修石室一座以及跪拜之所，重敬装观音大士金容一尊，祈保家安人吉、百事顺遂。道光八年七月望四日吉旦。

(四) 题诗

1. 明代卢雍诗题刻

此题刻位于护国寺大门内门楣正上方，系明代卢雍于正德年间任四川监察御史时所题合州八景之"鱼城烟雨"诗，后来清代嘉庆六年（1801年）捐修护国寺山门时由住持僧福连刻于此，今风化严重，据前人书中所附拓印图，内容如下：

> 悬岩三面阻江湍，古堞摧颓烟雨寒。
> 磐石可能容我坐，绿蓑青笠弄长竿。
> 明监察御史卢雍留题，住持福连□，嘉庆六年冬月。

注：

卢雍（1474—1521年）：字师邵，江苏吴县人，明正德六年（1511年）进士，正德十三年（1518年）以监察御史巡抚四川，后迁四川提学副使，未到任，卒。有《古园集》存世。

嘉庆六年：蒋晓春等编《南宋末川渝陕军事设施的调查研究》第四章"钓鱼城地面文物"中认为，此题刻乃明代嘉靖六年（1527年）所刻，谬矣。因该石刻拓片图中"嘉庆"二字有些模糊，编者认为卢雍既是明代人，故判定此题刻乃嘉靖六年刻，但编者没有考虑到题刻中住持福连的时代，清嘉庆六年《护国寺捐修山门记》中明确有福连的记载，应是福连捐修护国寺山门时才将卢雍之诗刻于山门门楣。令人费解的是，此题诗不知是卢雍亲笔所书，还是住持福连根据留诗所书，难以断定。

笔者按：

乾隆十三年《合州志》卷七《艺文志》收录有卢雍所作合州八景诗，"鱼城烟雨"即为其一，又有乾隆十三年合州知州刘桐所作次韵卢雍八景诗，其中"鱼城烟雨"一诗为："一声长啸俯流湍，和雨和烟万丈寒。回首当年城此地，前人不为理鱼竿。"

乾隆五十四年《合州志》卷首《图考》绘有合州八景图，其对"鱼城烟雨"题辞云："江之东岸，山曰钓鱼，壁立千仞，翠插天半，依山为城，据江作堑，宋人筑之以御元也。数百年断垒荒台，灭磨于燐青火赤间，际春晓将暾，澹烟微抹，细雨轻霏，秀削天然，屻㟺奇特，与巴渝佛图雄峙东川，思王公设险之意，吊前人守战之功，巍然独有千古。"卷十五《艺文志》又有张乃孚"鱼城烟雨"诗："鱼山标胜概，百仞倚苍冥。雨洗孤城白，烟浮废垒青。晓妆开嶂黛，佳气渝山灵。壁立自今古，真堪作

画屏。"

张森楷民国《合川县志》卷六十五《余编二》"名胜"也列有合州八景，其对"鱼城烟雨"有案语："钓鱼城形胜为吾合最，然可以凭吊，未可以游赏也。且何地无烟雨，亦何必钓鱼城乎？顾地既有名，又隔江咫尺，而八景不及，未免缺然，以烟雨涂附之，所谓从而为之辞也。观张乃孚题辞之支绌，可概见矣，来者亦取其名可尔。"

从卢雍题诗可知，"合州八景"之说在明正德年间已形成，"鱼城烟雨"在当时不仅作为景观而存在，还蕴含有钓鱼山最初的垂钓意象，如"绿蓑青笠弄长竿"。刘桐次韵卢雍之诗中有"回首当年城此地，前人不为理鱼竿"，则反映出垂钓意象逐渐消失。张乃孚在"鱼城烟雨"题辞中加入了凭吊的意蕴，然其诗却纯是写景。后来张森楷认为"鱼城烟雨"之景有附会成分，实际上是说张乃孚的题辞没有突出重点，反观卢雍的题诗，顿觉独树一帜。

2. 陈大文题诗

此题刻位于护国门外左侧石壁上，系乾隆年间合州吏目陈大文题诗，今已残缺，内容如下：

> □□□□□，空亭□碧流。
> 城因南渡□，□为北兵收。
> 已竭援民力，全凭与姝谋。
> 蚕应营竣宇，俎豆共千秋。
> 城上无安抚使王公及熊耳夫人祠宇，将请续建。

笔者按：

一、关于此题刻的时间问题。此诗未题纪年，前人谓此诗刻于乾隆四十四年（1779年），或因陈大文《钓鱼城功德祠》也刻于同年，然窃以为非也。陈大文《钓鱼城功德祠》文中称"丙戌春，予来佐是邦"，即指陈大文于乾隆三十一年（1766年）为合州佐官，又称"功德祠，余昔在合时所立，作记以述其概，今余复守是郡，庙貌依然，此记未经勒石，恐前人功德久而复湮，因即前记以贞铭不朽，非敢自托于表微之义也。乾隆己亥春日，郡守吴门陈大文"。即指《钓鱼城功德祠》之碑刻于乾隆四十四年，但并不能证明陈大文题诗也刻于同年。首先，根据该诗自注"城上无安抚使王公及熊耳夫人祠宇，将请续建"之意，当时钓鱼城内并未有王立、熊耳夫人之祠，故陈大文请求续建，若此诗刻于乾隆四十四年（1779年），功德祠早已建好，岂会请求续建？其次，据民国《合川县志》卷三十八《名宦》记载陈大文履历："乾隆三十一年，选授合州吏目……擢忠州直隶州知州，乾隆四十年迁重庆府知府，历云南迤东道、贵州按察使、广东布政使，调四川布政使。"可知陈大文于乾隆三十一年（1766年）为合州吏目，并非知州，以吏目之身份地位，虽促成钓鱼城功德祠之修建，然当时并未立碑，而于乾隆四十四年方将前作功德祠记文勒石立碑，何也？因此时陈大文已升任重庆府知府，表彰政绩之事方可行之。至于《钓鱼城功德祠》文中所称"今余复守是郡""郡守"之意，并非指陈大文为合州知州，乃指任重庆府知府也，因查民国《合川县志》卷六《官师谱》，乾隆四十四年时，合州知州为贵逢甲，又查道光《重庆府志》卷四《职官志》，陈大文于乾隆四十年至四十四年任重庆府知府。此外，华国英光绪七年《重修钓鱼城忠义祠碑记》载："至国朝乾隆三十一年，州吏目陈大文初莅合

阳，私请入祀，且为作记吟诗，以表其忠，后复守是邦，始行将前作镌碑勒石。"由此可知，"作记吟诗"之诗，除《钓鱼城功德祠》文中之诗外，极有可能包括陈大文之无题诗。综上，笔者认为此题刻时间应为乾隆三十一年（1766年）陈大文任合州吏目时。

二、关于此诗内容问题。因此石刻剥落部分文字，导致诗的内容残缺，然有好事者尝试将此诗补充完整，如秦文玉《钓鱼城最早肯定王立、熊耳夫人的无名石刻诗文考》（载《合川史学通讯》第6期，1994年），文中将残缺的前四句诗还原为："峦林耸翠微，空亭映碧流。城因南渡筑，国为北兵收。"此后钟秀金主编《钓鱼城陈列展示文丛》第6辑《历代摩崖题刻》，以及蒋晓春等编《南宋末川渝陕军事设施的调查研究》第四章"钓鱼城地面文物"皆因袭之。前人之尝试固然可嘉，如"映"、"筑"、"国"三字应无大误，唯首句"峦林耸翠微"，笔者实不敢苟同。此诗为五言律诗，按照格律规则，前两句应为"仄仄平平仄，平平仄仄平"，下文沈怀瑗《步陈砚斋太守韵》"岘首凭高处，双江合汇流"两句即可为证，然而"峦林耸翠微"的平仄却是"平平仄仄平"，居然和第二句"空亭映碧流"的平仄完全相同，经过科举训练的陈大文绝不会犯这种常识性错误，故笔者认为不宜对此妄加猜测，宁作阙疑。另，陈大文有《听匏轩诗稿》存世，见《清代诗文集珍本丛刊》（国家图书馆出版社，2017年版）第二九四册，或许能在此找到线索，笔者未能亲见此书，仅存此备考。

3. 沈怀瑗题诗

此题刻位于护国门外左侧的摩崖石刻群，刻于乾隆四十四年（1779年），系合州吏目沈怀瑗唱和陈大文无题诗之作，仅有少数文字风化，内容如下：

> 步陈砚斋太守韵
> 岘首凭高处，双江合汇流。
> 孤城犹屹峙，战垒已全收。
> 邈矣张王绩，雄哉珊璞谋。
> 明禋崇令典，肸蠁妥春秋。
> 　己亥仲夏，属吏沈怀瑗。

注：

沈怀瑗：字方泉，浙江会稽人，乾隆四十二年（1777年）至乾隆四十五年（1780年）任合州吏目，民国《合川县志》卷三十八《名宦》称："怀瑗性潇洒，喜吟咏，工书法，喜与文学士周旋，所至留题，或乞为榜署，亦欣然书予之。"

笔者按：

此诗应是沈怀瑗唱和陈大文旧作，步韵，即按照原作诗韵依次押韵，故二诗之韵脚相同。诗题中称"陈砚斋"，即指陈大文，因陈大文《钓鱼城功德祠》碑文落款处有一方印章为"砚斋"。诗题称陈大文为"太守"，即可证明陈大文当时任重庆府知府，太守之官为秦汉旧制，明清时期则为知府之别称，若是合州知州，不宜称太守。

(五) 题字和记游

1. "鱼山八景"题刻

此题刻位于卧佛崖右侧石壁上，系康熙五十五年（1716年）幻屋山叟题书，内容如下：

> 鱼山八景
> 峰顶白云
> 嘉陵萦带
> 天池夜月
> 古洞流泉
> 沙滩响雨
> 赤壁文光
> 东谷晴霞
> 西市晚烟
> 康熙丙申夏
> 幻屋山叟题

注：张森楷民国《合川县志》卷六十五《余编二》"名胜"载："钓鱼山亦有八景……为明知州刘士遼书刻护国寺前岩之石壁上，今存。"或许是因刘士遼有"鱼城古迹"题书，以致《县志》将其混淆，又或是刘士遼所书另在别处，今未得见，存此备考。另，幻屋山叟，不知何人，待考。

笔者按：

此题刻处原为明嘉靖二十五年（1546年）合州知州刘士遼所书"鱼城古迹"，后被"鱼山八景"题刻覆盖。据张森楷《民国合川县志》卷一《形势》之"东山经钓鱼山"部分记载："摩岩有明知州刘士遼'鱼山古迹'四字及'八景之二'四字。"《县志》作"鱼山古迹"，应为笔误，因石刻残存痕迹确为"鱼城古迹"。至于刘士遼所题"八景之二"，应指明代正德年间形成的合州八景之"鱼城烟雨"，其题书之遗迹今未得见。

关于"鱼山八景"，自乾隆十三年《合州志》才有记载，但未见相关说明及题诗，后合川县文物管理所在《钓鱼城文物风景区资源的调查与评价》（见《钓鱼城历史学术讨论会论文资料集》，1982年）一文中方有解说，现转录于下：

峰顶白云——钓鱼山最高峰插旗山顶，常有白云环绕，有时云浮峰顶，平峰而过，伸手可及，云流变幻，实为别具一格之景观。

嘉陵萦带——登山远望，环顾左右，久之，顿生幻想，山如巨人，坐观水中，嘉陵江如玉带缠腰，缓缓转动（盖三面环水故也），情景相融，使人生联翩之想。

天池夜月——钓鱼城护国寺前，在垂杨左右环绕中有一水池，当月朗星稀之夕，池中月影波光，伴以飒飒山风，使人心净神清，雅趣盎然。

古洞流泉——在钓鱼台下，汩汩流水涌出石穴中，水清澈可口，终年不息，泉水直泻岩下，形成飞瀑，情趣横生。

沙滩响雨——山静城寂，夜宿寺中，一切静寂，但山上松涛滚滚，江中流水滔滔，如风鼓雨滴，敲打沙滩，声音清脆，时紧时慢，恰如妙曲绕寺，使人遐想幽幽。

赤壁文光——钓鱼山西岩石壁有佛像三尊，形体衣饰华丽健美，神态庄严，栩栩如生，每当朝阳初放、夕辉降临时，岩壁周围现出彩色光环，使人如入佛地仙境，蔚为壮观。

东谷晴霞——钓鱼城护国寺东，层台叠地，当朝阳初升，红光一抹，顿使山石、林卉、寺庙均披上无色彩衣，缤纷瑰丽，煞是好看。

西市晚烟——护国寺西，有形势险峻的五层台地，每当夕阳西下，山

接云霞，台地顿生彩云，山霞相裹，奇景横生，隔远望去，山、树、房舍，有如海市蜃楼一般。

另，当代合川书画家江从革有"鱼山八景"题画诗（见王利泽《钓鱼城诗词释赏》，四川人民出版社，2000年版），现转录于下，以资参照：

峰顶白云
浮云出岫峰，山色有无中。
缥缈仙山上，青天骑白龙。
嘉陵萦带
浅底碧波天倒开，蜿蜒玉带绕巉岩。
飞云孤嶂迷茫处，点点轻舟逐水来。
天池夜月
日暮池边几树花，东山月上水中斜。
游鱼嬉戏花前月，月白花红斗丽华。
古洞流泉
白练千条溅玉开，银丝万缕撒珠来。
飞流直下千寻壁，缥缈云烟绕佛岩。
沙滩响雨
夜宿鱼山古寺楼，月光如水月如钩。
沙滩响雨惊残梦，原是松声伴水流。

> 赤壁文光
> 日照危岩升紫烟，金光沐浴更庄严。
> 彤云缥缈三尊佛，疑是仙山在眼前。
> 东谷晴霞
> 晨光初照谷深幽，天涧晴霞映碧流。
> 村舍三川红烂漫，渔人争驻木兰舟。
> 西市晚烟
> 松枝作架竹为扉，鸡犬桑麻隐翠微。
> 山上夕阳山下路，一肩红叶女樵归。

因康熙年间形成"鱼山八景"时仅有其名称而无其解读，故以上所列当代人对"鱼山八景"的解说和题诗应具有部分臆测成分，并不完全是最初的含义，比如"沙滩响雨"被解读为"松声伴水流"，较为牵强；又如"赤壁文光"被解读为三圣岩佛像因阳光照射而出现光环，却忽略了三圣岩佛像是道光二十三年（1843年）建造，而幻屋山叟所书"鱼山八景"是在康熙五十五年（1716年），故"赤壁文光"应另有所指。另，纵观江从革的题诗，暂不论其诗意如何，其"峰顶白云"之诗为五绝，其余七景诗为七绝，在诗之体式上未能统一，并且"嘉陵萦带"与"古洞流泉"二诗之韵脚不完全符合格律诗规范，"开"字与"来"字属上平声十灰韵，"岩"字属下平声十五咸韵，可见其失误之处。

2. 沈怀瑗"钓鱼城"题字

此题刻位于护国门外左侧石壁上，系合州佐官沈怀瑗于乾隆四十五年（1780年）题书。内容如下：

> 乾隆庚子孟春
> 钓鱼城
> 州尉会稽沈怀瑗书
> 僧□一清勒石

3. 朱宗敏题"福"字

此题刻位于"古钓鱼城"题刻之右，应刻于同治元年（1862年），内容如下：

| 福 |
| 壬戌岁春三月士亮朱宗敏书 |

4. 朱宗敏记游

此石刻位于三圣造像龛下方石壁上，应刻于同治元年（1862年），内容如下：

> 壬戌仲春望日，邑人幼文朱宗敏、联三郑祥元、唐锡禄、苏国藩、李志清、邻水刘天洪、内江邓忠铨同游斯地，遍览诸胜，泐石记之。郑才富敬书。吴天淮刊字。

笔者按：

刘道平《钓鱼城的历史与文化》及王利泽《钓鱼城》二书中称，此题刻系南宋嘉泰二年（1202年，壬戌年）所刻，笔者认为值得商榷，因石刻内容并未提及镌刻年代，仅有"壬戌"一词表示纪年，不能肯定刻于南宋。此石刻下方朱宗言题刻中提及"光绪十三年"（1887年），联系两者内容，疑朱宗言与朱宗敏是同时代之人，故此石刻可能刻于清代。又查干支纪年，距清代光绪十三年最近的壬戌年仅有同治元年（1862年，壬戌年）较为符合镌刻时间。

5. 朱宗敏题字

此题刻位于朱宗言题刻下方，应为光绪八年（1882年，壬午年）所刻，内容如下：

<blockquote>
壬午春二月立

献

慈云遍覆

朱宗敏敬
</blockquote>

6. 朱宗言题字

此题刻位于朱宗敏纪游题刻下方，系光绪十三年（1887年）朱宗言题书，内容如下：

<blockquote>
大清光绪十三年丁亥岁孟秋月

荡胸生层云

邑人朱宗言书

马星鹤镌字
</blockquote>

注：

朱宗言：民国《合川县志》卷五十五《方术》载："朱宗言，字畏三，一字子雅，州南城鼓楼街人。同治初，试得佾生，善摹董其昌书，风致宛肖。城内会序石刻多出其所手书，今虽强半佚遗，存者仍犹争相椎拓，为屏幛光辉也。"

(六) 其他

1. "古迹永垂"碑记

王利泽《钓鱼城》书中记载有此碑，系乾隆八年（1743年）所立，大致内容是划定钓鱼山内界线，平息护国寺与山邻的田土纠纷，然并未表明此碑位置，又说此碑已不存在，系史料记载。钟秀金主编《钓鱼城陈列展示文丛》第5辑《忠义祠及历代碑刻》中记载，此碑在忠义祠内明五岳山人诗碑碑阴，现转录于下：

> 古迹永垂
>
> 鱼山为合阳胜概，右据嘉陵，左据涪江，层峦选翠，巧自天成，绝壁奇峰，坚若磐石。平居则为乡间奉祀之场，有事即为阖邑退守之地，此鱼城之所由名与其所由重欤！沿古以来，凡有心于斯民之贤侯，兼不以是为要地而加意整理于其间。如有宋讨贼之张公、王公，暨有明达事之汪公，后先继美，昭人耳目。迨本朝定鼎之初，此地仅存遗迹而已。有僧天海者，览其基址，曾经达事，爰辟承粮，修殿礼佛，由是田畴林麓得以经理，而昔之创垂将复其旧。海去，僧觉乘承

管者已历二十年。乘殁，遗徒广净修葺者，今经三十载难，兹古迹行传之久而不敝矣。岂意人昧福田之种，遽于越界强争，即尔僧慕喜舍之缘，无如公论难泯，经州主秦公断，令各遵旧制。且虑常住既属空门，豪强易行侵夺，并谕将本山粮田、隙地周围抵止开清，勒石以垂永久。舞檩越远迩欢欣，愿先期以定画一，于此见名山之不可终泯，而秦侯之成盛举，足以洽人心，而流传于勿替也已。是为记。

钓鱼山四至：东朱、孙二姓岩簷，南至岩下大河，右抵吴姓土，左抵石桥王姓界，西至外城门吴、艾二姓界，北至焦、僧二界岩簷为界。载粮二石二斗有零。

合州正堂加一级记录四次秦景曾，驻防合州侯推守府加一级陈朝相，四里绅士著名人等公同敬立。

合州儒学正、副堂加一级陈琏、熊杰，合州督捕厅记录一次吴瀚，当代住持僧广净，徒法玉、法珍、法玠，元孙洪开、洪恩、洪超，合州僧正道纪司果崧、王升锡。

合邑廪膳生员朱懋纯敬撰。石匠谭元白敬镌。

乾隆八年岁次癸亥仲夏月朔日穀旦。

注：
秦景曾：据民国《合川县志》卷六《官师谱》载，秦景曾，字佩先，江南武进县举人，乾隆四年至十年（1739—1745年）任合州知州。

笔者按：

今五岳山人诗碑紧靠墙壁，因条件所限，无法亲见碑阴文字，故未能校勘。

2.《勘定钓鱼城义田界记》

此碑刻现存于忠义祠内，系嘉庆十年（1805年）合州知州曹蘧等所立，今碑文风化较为严重，据残存碑文及其拓印图，整理于下：

勘定钓鱼城义田界记

余每读史至宋元之际，合阳以鱼山孤城拒北兵，保全蜀民，固守三十五年，直待崖山而后亡，未尝不景仰前贤恩□□□□□□□御极之六年辛酉冬，承乏州事，始得登胜地而谒其祠焉。钓鱼城为州名山之一，距治东北十里许，据三江下游□□□□□□□迴四十余里，顶建寺曰护国，旁田地高下广盈七百余亩，别有祠在寺背，山城盖报宋淳祐开庆间余、冉、王、张诸名宦□□□□□□□元明纪传、诗歌述旧甚悉，遭献逆兵燹，寺与祠毁，惜哉！国朝康熙间，僧天海者，承粮辟地，结茅其中。雍正五年丁未□□□□□□□殿五楹。

越乾隆八年癸亥，寺邻越界，讼经前刺史秦公景曾断，令遵旧界，泐石在庙。十一年丙寅，僧广净因建东西廊、前后通道及□□□□□遂将寺田之半计五处，插花典当，偿债竣厥事。至十八年癸酉，山邻为当田故控僧，吴兴张公兑和，见其广阔，计将所当田□□□□□亩拨归义学，培养人才，仍留其半未当者，载粮壹两壹钱四分归寺焚献。张公之断斯案也，儒生之诵读有资，庙祀之香灯不灭也。两事全，不亦善乎？维时田断当户耕九年，弗纳租，折楚当价限满归公，界未详定。二十五年庚辰，渤海王公采珍与□陈迹□□□□□于寺右竖忠义祠，与寺并峙，春秋祭享。二十七壬午，山左王公文炯案祥督宪开公，命以义学之租十五石，地五十三亩载□□□分零存寺，给僧三人食用，此盖专为祠堂焚献设也。义田仍田地四百二十九亩，招佃纳租。迄四十二年丁酉，元和陈公景韩□□□□□膏火不敷，谕照前拨当田原册定界加租，案备礼房，始设董事主其计，而时其出纳焉。

嘉庆十年乙丑，义田佃户计□少租国□□□□□□乱，偏执祠堂焚献仅存五十三亩之说，与寺僧互争，控经署州宁夏宁公于旭集讯来勘。适予自京陛见回任视事，州士庶录禀到案，乃查原册，协州尉滇南万君锺溍，集绅士、山邻，依前四十二年定界册案履勘□评结，人之□□□□□□理常存，而公道难泯也。夫界不勘定，则争易起，事不目睹，则弊易生。鱼城为巴蜀保障，古人忠贞义节，庙食于兹，其间义田□□□□□以予为□有资一，以使传灯长明，诚盛典也。官斯土者，职司教养，以息争除弊为己任，前拨义田，张公、王公□□□□□□□□□继先后媲美，久定章程，孟子所云"仁政必自经界始"，其斯之谓欤！余有守土之责，爰命工绘图存案，逐次□□□□□□□以垂永久，俾后之人读碑记而知定界，履疆界而免混争，庶名山于以长保，而学校因之益兴也。今将义田界址依原定案册，镌刻于左：

计开界至

一护国寺东义田，自寺内城墙直下，至外城墙垠，抵汪姓界，顺转一篆城墙垠直过，抵帅姓界，直上抵本寺山田为界。

一寺西南角义田，自寺山门转右，下薄刀岭山腰路口，转右直下一路田角岩簷篆过为界，左抵谢姓岩，簷篆过大嘴缘岩直上，至薄刀岭山腰路口合界。

一寺西义田，自寺右边二磴岩直下，依半坡式大石缘田垠下，抵艾姓岩坎，缘城墙垠一篆横过，抵田姓直上岩坎，依本寺一篆二磴岩簷为界。

一寺北义田，自水阁凉亭左边岩簷起，跟坝田一篆，抵古城山脚，直下岩嘴，缘小沟田抵井坎上过沟，直上平坝一篆岩簷连堰塘，左下小湾田共三台，跟大石嘴直上平坝土田，顺依天平坝大路一篆与寺田相连，过下至石嘴上团山堡，直下大田坎过，出内城墙垠篆直下，缘外城墙垠抵汪姓界一篆，抵城墙垠，顺至寺田直上小沟滂田，依大石转井田，缘土垠直上内城墙为界。

以上各界，四至周围，并无紊乱，永远为据。

特授奉直大夫四川重庆府合州知州加五级记录十二次又随带军功加一级记录三次新安曹蘧书于钓鱼城之忠义祠。

合州儒学学正渠江王国训、合州儒学训导桂溪陈中智、合州吏目候补县丞滇南万锺濬；

河南县丞韩文星、绅士山邻恩贡生李矗、岁贡生欧阳炯；

举人张乃孚、彭世仪、熊炳、李廷馥；

值年董事训导韩耀南、廪生陈鼎荣、邹芬藩；

庠生田年登、艾江瑛、田三丰；

监生颜廷瑶、刁大善、田年庆、王秉中；

界邻朱文柏、朱维泰、吴正喜、吴正有、艾文道、刘□□。

大清嘉庆十年岁在乙丑仲冬月长至后八日之吉。合郡四里士庶耆民同建。住持僧智会、徒胜丛、徒孙常见勒石。石匠□□□。

注：

张兑和：据民国《合川县志》卷六《官师谱》及卷三十八《名宦》载，张兑和，字绣园，浙江乌程人，乾隆十七年至十八年（1752—1753年）任合州知州。

王文炯：据民国《合川县志》卷六《官师谱》载，王文炯，山东福山县举人，乾隆二十六年至二十七年（1761—1762年）任合州知州。

陈景韩：据民国《合川县志》卷六《官师谱》载，陈景韩，字月楣，江苏元和县举人，乾隆三十八年（1773年）任合州知州，但未载其乾隆四十二年是否还在任。

宁于旭：据民国《合川县志》卷六《官师谱》及三十八《名宦》载，宁于旭，字晴川，甘肃宁夏人，嘉庆十年（1805年）任合州知州。

　　曹蘧：据民国《合川县志》卷六《官师谱》及三十八《名宦》载，曹蘧，字小愚，安徽歙县人，嘉庆五年（1800年）任合州知州，未几移知汉州，九年（1804年）复任合州知州，年余引见入都，至秋而返，十四年升署酉阳直隶州知州，十六年（1811年）还，前后三任。

笔者按：

　　钓鱼城内护国寺与山邻的田土纠纷自乾隆八年就已开始，见前"古迹永垂"碑记，《勘定钓鱼城义田界记》中又记述了乾隆至嘉庆年间的四次纠纷，因涉及山邻、义田、义学及护国寺的利益关系，问题比较复杂，故每次都由官员出面予以解决，因此需划定界线，立碑为据，以免于纷争，这又从侧面反映了护国寺的发展变化等情况。

3. 严禁挪用寺庙财物碑记

此碑刻于光绪九年（1883年），现存于忠义祠内，残损严重，仅可辨认部分文字。据展示牌显示，大致内容为严禁寺庙僧人借口捐资培修忠义祠、护国寺，私自挪用捐银，严禁在忠义祠内擅设学馆，严禁寺邻强借寺庙桌椅等公物。据残存碑文及王利泽《钓鱼城》书中记载，整理于下：

□□赏戴花翎奏补叙永直隶建□□□
　□□□住权禀称缘寺内旧奉□□□□□□□□□倾颓，蒙恩培修一新，并捐廉□□□□□□□□□□捐银五十两给僧，具领生息，以作燃灯之费，僧已如数领讫，除遵办□□□□□□恐后人不知底蕴，藉事估提，来祠教学，或本寺僧人任意耗费，致使香灯绝□

□□□□□案赏示刊碑，永禁教学，私提私挪，用垂久远，则明灯普照，奚啻光照一方矣□□□□诸神皆有保卫合人之□已列春秋祭享，与他寺庙□□本州追念前□不胜景□□□重新□□□造器物以备祭祀，时各官会□□所祀典攸关，自不容□□擅设学馆，致有亵慢，即本州捐此灯费□□□助其未逮，以妥神灵，更何可藉事估提，既据该住持禀请前来□□□□立案外，合行出示晓谕，为此□□□□知悉，嗣后务须入祠致敬，不得于祠内擅设学馆，□□房屋，其香灯赀□□两，乃本州捐廉发给□□□□□亦不得藉事估提，即灯□棹□等□□捐□□物，并不准私□□用。想州属绅民素仰□□□□□□□□从此接踵培护俾安□□□□□□观感兴起，于州境不无裨益，是又本州□□□□特□□遵。

　　里人禹□□
　　□□□□初五日　右谕

4. "福"字屏及照壁楹联

　　"福"字屏位于护国寺山门外，与"独钓中原"石坊相对，应是护国寺的照壁，正中为"福"字，其上是"万象葱茏"，现已残缺，两边有楹联："千寻峭壁江烟锁，半岭残诗树色封。"

笔者按：

　　此石屏没有落款，建造及所题年代亦难考证，前人对此有所推测。刘基灿《古钓鱼城》书中认为大约是在兴建护国寺的同时建造的，但并未指明年代。王利泽《钓鱼城》书中认为应是修护国寺时明代弘治七年（1494年）所立，又在另一处说可能是兴建护国寺同时建造。钟秀金主编《钓鱼城陈列展示文丛》第5辑《忠义祠及历代碑刻》中认为是道光十三年（1833年）修筑。

　　笔者认为，根据上述关于护国寺的碑记，护国寺及其山门在嘉庆、道光年间多有培修，但难以断定此石屏建造的确切时间，暂且推测为嘉庆、道光年间所修，存此备考。

第三章　清代摩崖題刻及碑刻

第二节 清代摩崖题刻及碑刻的特征及其价值

(一) 清代摩崖题刻及碑刻的特征

清代石刻的种类较为丰富，数量也较多，有关于忠义祠的碑刻，关于护国寺的碑刻，佛教造像及补修的石刻，题诗、题字的石刻，钓鱼城义田立界及寺庙财物纷争的碑刻。石刻的年代从康熙到光绪年间，跨度较长。

清代石刻中较为重要的有两类，一是关于忠义祠的碑刻，其中涉及明代的王张祠到清代忠义祠的演变，以及当时对相关人物的评价问题；二是关于护国寺及佛教类的碑刻，其中涉及护国寺在清代重修和发展的状况，还有佛教活动在钓鱼城的情况。

(二) 清代摩崖题刻及碑刻的价值

1. 反映了忠义祠的演变以及对相关人物的评价问题

明代的王张祠只是祭祀钓鱼城守将王坚和张珏，清代乾隆二十五年（1760年）《重建钓鱼城忠义祠记》中，王采珍增祀余玠、冉琎、冉璞三人，因这三人是建城的谋划者，也有重大贡献，并将王张祠改名为忠义祠。后在乾隆四十四年（1779年）《钓鱼城功德祠》中，陈大文认为王立、熊耳夫人、李德辉三人于合州人民有再造之恩，应予以奉祀，故增祀之，并更名为功德祠。光绪五年（1879年）《培修贤良祠碑记》中，徐金镛、华国英将功德祠更名为贤良祠，奉祀之人虽未变，但已透露出对于王立、熊耳夫人、李德辉三人评价态度的细微转变，如称李德辉为"元总管"，称王立为"宋降将"，评价熊耳夫人为"以一女子而能画策以救危城"，并用仁义的观念为其作诠释。光绪七年（1881年）《重修钓鱼城忠义祠碑记》中，华国英极力反对陈大文的做法，认为王立"为宋之叛臣、元之降人"、"为五公之罪人"，不得从祀忠义祠，故将王立、李德辉、熊耳夫人另设报恩祠予以奉祀。

清代关于忠义祠的碑刻，反映其经历了忠义祠—功德祠—贤良祠—报恩祠的演变过程，关于王立、熊耳夫人、李德辉三人的评价问题，也显示出褒与贬的不同态度。

2. 反映了护国寺在清代的发展以及佛教活动的兴盛

护国寺在宋、元战争时遭受破坏，元代大德二年（1298年）被焚毁，明代弘治、正德年间在建王张祠时可能也重建过护国寺，明、清之际因兵燹又被毁坏。从清代现存关于护国寺的碑刻中可知，护国寺经历了多次修建。一是从"古迹永垂"碑记和《勘定钓鱼城义田界记》中可知，康熙年间和雍正五年（1727年）有天海、觉乘、广净三人对护国寺进行过修葺。二是在《永垂万古·积善标名》碑刻中显示，乾隆六十年（1795年）有募装护国寺大佛金身之举，可知在乾隆年间应该也有修葺。三是从《护国寺捐修山门记》及《新修罗汉·永远碑记》中可知，嘉庆六年（1801年）智慧（福连）有修建之事。四是从《重修护国寺碑记》中可知，道光十年（1830年）胜丛有重修之举。五是从《培修护国寺碑记》及《增修护国寺碑记》中可知，道光十三年至十五年（1833—1835年）胜丛对护国寺又进行了培修和增修。

另外，随着清代护国寺的重焕光彩，钓鱼城的佛教活动又兴盛起来，如《祈嗣碑》《重装彩修千佛金身碑》《三圣龛造像题记》，以及飞来寺外的敬装观音像题记、重装观音像题记等，皆可为证。

3. 反映了护国寺与山邻的田土纠纷以及护国寺和忠义祠管理不当的情况

从"古迹永垂"碑记和《勘定钓鱼城义田界记》可知，在乾隆至嘉庆年间，护国寺与山邻的田土纠纷共有五次，因其中关系复杂，涉及多方利益，故每次都由当地官员出面来解决矛盾，这也从侧面反映出护国寺的发展状况。

另外，从《严禁挪用寺庙财物碑记》中可知，当时护国寺和忠义祠存在管理不当的情况，如僧人私自挪用护国寺的捐银、任意耗费，在忠义祠内擅自设立学馆，以致亵渎神灵，故碑记中表明由官府出面，对诸如此类混乱之事严加禁止。

民国时期摩崖题刻及碑刻

第四章

第一节 民国时期摩崖题刻及碑刻分类

一 题诗

1. 官道尊题诗

此题刻位于始关门外左侧石壁上，系四川温江人官道尊于民国十二年（1923年）登钓鱼城后所题诗，今仍可见，但文字有些风化，内容如下：

> 春日登钓鱼城怀古
> 江山依旧雨苍茫，险塞危城雉堞荒。
> 自古弹丸封胜国，于今野垒峙边疆。
> 子阳割据犹无继，公路分争尚假王。
> 坐对翠微寻往迹，人间何事太沧桑。
>
> 游春最好在青山，极目空濛尽雨间。
> 争葩万卉及时发，镇静一峰终日闲。
> 水流云趣机潜化，虎啸猿吟吼若滩。
> 愿结茅庐隐阿曲，北窗高卧读猨铃。
>
> 温江官道尊题

2. 戴美渠题诗

　　此题刻位于始关门外左侧石壁上，官道尊题诗之左，系合川人戴美渠于民国十二年（1923年）将其三十年前所作之诗刻于此，今仍可见，内容如下：

钓鱼城怀古

君不见钓鱼之山高插天，飞鸟楼影横苍烟。
又不见古佛高卧西崖畔，巨人一去迹留传。
雉堞参差互明灭，危磴萦纡相钩连。
我来纵步兴磅礴，怀古之意何茫然。
忆昔余玠城设险，运筹帷幄闻两冉。
支撑半壁宋山河，蜀无降将真不忝。
元围十载终无功，朝命三载不复通。
炮火雷飞偶然中，遗诏屠民雪怨恫。
时渝郡守张公珏，二王相继多勇略。
攻守代之致失援，城危累卵虑遭缚。
王立誓死身不辱，不忍生灵罹荼毒。
帐中弃食时长吁，熊耳献谋审大局。
书藏履衬远寄兄，李公抗疏获全城。
恩赦一颁齐解甲，不需箪食壶浆迎。
吁嗟乎！
井呈巨鲤何须说，国祚兴亡见臣节。
能捍大患则祀之，莫将成败论豪杰。
至今野老话功勋，庙堂血食民安集。
大江三面啮山隈，流水溅溅作鸣咽。
疑是当年战士饮恨吞声泣。

此予少作，已卅年矣，近因朱士亮约刻所著之什，聊属友人颜不愚书之。邑人戴美渠文犀父识。时年六十有五，民国十二年也。

3. 刘总百题诗

此题刻系合川人刘总百于民国三十三年（1944年）题诗，位于钓鱼台下方石壁上，共有三首诗，今风化较严重，现据残存文字及钟秀金主编《钓鱼城陈列展示文丛》第6辑《历代摩崖题刻》，录于下：

钓鱼城怀古

十万胡骑走炮凤，名城名将震寰中。
苦鏖残局心难死，独钓中原气亦雄。
云幕高低遮睡佛，滩声日夜撼潜龙。
山僧也有兴亡意，指点荒丛说守攻。

郁郁苍苍古意生，江山不改夕阳明。
仙人有钓波臣拙，降将无谋虏马横。
土守卅年酬圣主，鞋藏万姓寄阿兄。
丹心岂为盲风冷，木石至今恨未平。

飞鸟仙楼迹已荒，丰碑指点满苔苍。
两三朝事随风逝，四十里城共劫亡。
烟雨拨开新画本，江山谁续旧文章。
六轮七七惊弹指，来吊今朝古战场。

民国卅三年佛生日，县人刘总百缀句，天全高梦兰摩崖。

4. 方智题诗

此题刻位于明代黎一夔"鱼城胜概"题刻之左，因石刻剥落部分内容，未见题书时间，但诗题中提到与方豪同游，而方豪曾于1944年4月游览钓鱼城，有《钓鱼城抚今追昔录》一文，见《东方杂志》1944年第40卷第13期，故笔者暂且认为是同年所刻。现将其内容整理于下：

> 钓鱼山有感□游与方豪为赋绝句六章以志瞻仰之私
>
> 剑阁瞿塘□□中，□□□□最称雄。荒烟蔓草祠千古，□□□□□□风。
>
> □□□□□莫支，銮舆返旆待何时。无端遽败崖山□，音问销沉□□□。
>
> □□一柱独撑持，捍御多方却敌师。省□风□酣□□，□头窥。
>
> 途穷日暮感蹉跎，□□□□唤奈□。□□□□□□□，满腔心血苦消磨。
>
> 城中生路为□□，□□□□□□□。□□□重□杀□，熙熙黎庶上□台。

将军□□□□，□□□□□□□。□□感愤□报道，福星临绝塞颂声。

　　□□□□光□男□□方智侍并书

笔者按：

此题刻仅有蒋晓春等编《南宋末川渝陕军事设施的调查研究》第四章"钓鱼城地面文物"中有记载，但未指明年代及作者，对于题刻内容的识别和标点也有一些问题。方豪《钓鱼城抚今追昔录》一文中记载与之同游者，有王鹤轩和许维中二人，并无方智，或许是方豪之文失载，又或是方豪不止一次游览钓鱼城，不可得知，存此备考。

5. 孙元良题诗

此题刻位于千佛龛右边石壁上，系重庆警备区副司令孙元良于民国三十五年（1946年）题诗，内容如下：

> 民国三十五年秋游钓鱼城
> 元鞑逞淫威，钓鱼城不破。
> 伟哉我先烈，雄风万世播。
> 华阳孙元良题。

（二）抗战时期国民政府军政要员题辞及碑记

1. "忠勇坚贞"题辞

此题刻位于九口锅遗址下方上天梯处石壁上，民国三十年（1941年）刻，内容如下：

> 民国三十年春
> 忠勇坚贞
> 中央军校特训班袁锡陈书

笔者按：

此处疑原本有其他题刻，因有残存文字，颇似人名，疑为宋末进士题名记，详见前文。

2. 蒋中正题辞

此题刻位于护国门内左侧石壁上，蒋介石题书，内容是：

> 坚苦卓绝
>
> 蒋中正

3. 何应钦题辞

此题刻位于护国门内左侧石壁上，何应钦题书，内容是：

> 十年教训
>
> 何应钦题

4. 白崇禧题辞

此题刻位于护国门内左侧石壁上，白崇禧题书，内容是：

> 革命军的根本是在高深学问
>
> 恭录总理遗教
>
> 白崇禧

5. 张治中题辞

此题刻位于护国门内左侧石壁上,张治中题书,内容是:

> 十年树人,云蒸霞蔚,团结精神,助成抗建。
> 张治中题。

6. 万耀煌题辞

此题刻位于护国门内左侧石壁上,万耀煌题书,内容是:

> 自今以往,更当一秉总理奋斗之遗规与大公无私之精神。痛念本校同学喋血沙场之牺牲,与革命将士伤亡相继之英烈,不辞一切之痛苦艰辛,以负荷任何艰巨,解救国家之危亡,完成革命之大业。恭录校长对本校十周年纪念训词。万耀煌题。

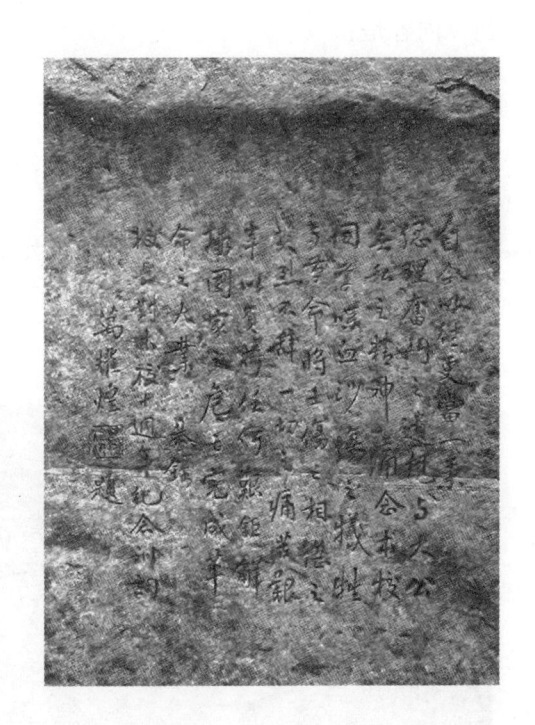

7. 康泽题辞

此题刻位于护国门内左侧石壁上，康泽题书，内容是：

> 一心一德，贯彻始终
> 康泽

8. 施则凡题辞

此题刻位于护国门内左侧石壁上，施则凡题书，内容是：

> 明耻教战
> 施则凡题

9. "民族之光"题辞

此题刻位于护国门内左侧石壁上，未署名，应同为国民党军政人员所题，内容是：

> 民族之光

笔者按：

以上"蒋中正题辞"至"民族之光"题辞共8处，皆位于1981年戴蕃瑨题刻之左，然未题纪年，前人联系下文《纪念碑记》，认为皆是民国三十二年（1943年）所刻。

10.《中央陆军军官学校特别训练班十周年纪念碑记》

此碑刻位于护国门内左侧石壁上,"民族之光"题辞之左,系中央陆军军官学校特别训练班纪念碑记,民国三十二年(1943年)所刻,因钓鱼城当时作为特别训练班之场所,故刻于此,今仍可见,内容如下:

中央陆军军官学校特别训练班十周年纪念碑记

安岳康泽撰,桐城施则凡书

维廿二年夏,乱贼败政,行为辟方,致使国势日蹙,民不堪命。我委员长忍东夷侵边之辱,坚苦卓绝,躬帅各军,莅节赣垣,大张挞伐,定安内攘外之策,示明耻教战之方。鉴乎黄埔建军,大治濯俗,责余筹组别动队,随命成立暑期研究班,壮士云集,器宇恢宏,一经鼓铸,即成英才,故别动队进剿于赣南峦叠嶂之间者,胥能矢勤矢勇,与贼周旋。继改称中央军校驻赣特别研究班,即移海会迁星,予奉并豫、鄂、皖三省团队干部训练班,军事委员会政训研究班,遂定今名。二十五年后,并军事委员会交通研究所、训练总监部、国民军事教官训练班、杭州特警人员训练班,于是特种教育始归于一,虽来学之智能各殊,而教育之准则无二。抗战已还鄂之江陵、川之丰都、今之合川,皆吾班训练之所。他如铜梁之安居、川南之叙府,亦皆因地制宜,分队驻训。先后毕业者,如军事学员学生也,政治学员学生也,交通学员学生也,军训教官也,党政干部也,团队干部也,特警人员也,朝鲜青年也,华侨学生也,几两万人矣!献身党国,执役四方。或则循分供职,转移风气,或则冒险犯难,壮烈牺牲,甚有未及毕业,即慷慨就道,取义成仁者。

追怀十年往事,实令人百感交集,若夫作忠作孝,非耻莫明,救国救民,应教以战。方今国步正艰,寇氛未已,侵略洪流,泛滥于天下,愿吾后死同学,力行三民主义,发扬黄埔精神,齐奋义威,殄熄暴悖,誓雪国耻,还我河山,方不愧黄帝永世之子孙,斯不负蒋校长十年之培育!胜利在望,惕励是企,特述颠末,书刻此石,期与大宋抗元之古城并垂不朽!

中华民国三十二年七月中旬。

三 其他

"古钓鱼城"题字

此题刻位于三圣岩右侧原站佛崩裂处的石壁上，系巴县县长杜兆麟于民国三十四年（1945年）题书，内容如下：

> 古钓鱼城
> 乙酉暮春盐亭杜兆麟代三题。

笔者按：

前人称，此题刻处原为晚唐弥勒佛摩崖造像，1943年秋因大雨崩裂，坠落至山下始关门外，但佛像却依然站立，故称站佛，当地人便在站佛处修建了寺庙，名为飞来寺。民国郑知乐《钓鱼城史迹钞后语》（载于民国三十三年六月十四、十五、十六日《合川日报》）记载："癸未秋，大雨缠绵近月，山中胜迹，如站佛岩崩坠山下。"

第二节 民国时期摩崖题刻及碑刻的特征及其价值

(一) 民国摩崖题刻及碑刻的特征

民国题刻现存数量不多，从时间上来看，抗战之前的题刻仅有两处，即官道尊和戴美渠的题诗，其余皆为抗战时期所作。从内容上看，主要分为两类，一是题诗，共五处，多咏史怀古之作；二是抗战时期国民政府军政要员题辞及碑记，共十处，皆表现出在抗战艰难之时需团结一心、坚持抗战的民族精神，这类题刻有抗战时期的特殊背景，故与宋、元之际钓鱼城的抗战精神一脉相承。

(二) 民国摩崖题刻及碑刻的价值

1. 反映出团结抗战的民族精神

在抗战时期，中央陆军军官学校特别训练班将钓鱼城用作驻扎及训练的场所，于是就有袁锡陈所书"忠勇坚贞"，蒋中正所题"坚苦卓绝"，张治中所题"团结精神，助成抗建"，万耀煌所题"解救国家之危亡"，施则凡所题"明耻教战"等，还有《中央陆军军官学校特别训练班十周年纪念碑记》中的"誓雪国耻，还我河山""期与大宋抗元之古城并垂不朽"，在这些国民政府军政要员的题辞中充分体现了团结抗战的民族精神。

2. 反映出对王立、熊耳夫人的评议仍在继续

戴美渠在《钓鱼城怀古》一诗中写道："王立誓死身不辱，不忍生灵罹荼毒。帐中弃食时长吁，熊耳献谋审大局。书藏履衬远寄兄，李公抗疏获全城。恩赦一颁齐解甲，不需箪食壶浆迎。""能捍大患则祀之，莫将成败论豪杰。"由此可见，戴美渠已从历史客观的角度去评议王立和熊耳夫人，认为二人有功于钓鱼城，值得被奉祀。后来郭沫若于1942年考察钓鱼城，作有一诗，虽然1991年才刻于石，但其创作时间实属抗战时期。诗中写道"二臣妖妇同祠宇，遗恨分明未可平"，即是将王立视为"二臣"，将熊耳夫人视为"妖妇"，认为二人不配从祀于忠义祠。郭沫若的评议出现在抗战的时代背景下，自然要谴责王立的投降行为，从而表达坚持抗战、爱国不屈的民族精神。

成立之后的摩崖题刻及碑刻

第五章 新中国

第一节 新中国成立之后的摩崖题刻及碑刻分类

一 分散各处的题刻

1. 周北溪书南宋文天祥《悼制置使张珏》诗

此题刻位于护国寺山门外过道石壁的左下方,由合川现代著名书画家周北溪题书,题刻具体时间不详,应在二十世纪八十年代至九十年代之间。题刻文字剥落严重,内容如下:

> 气敌万人将,独在天一隅。
> 向使国不亡,功业竟何如。
> 悼制置使张珏,文天祥。
> 合阳周北溪

笔者按:

文天祥此诗是在元大都狱中为四川制置使、钓鱼城守将张珏而作,原是集杜诗系列中的第五十一首,《文天祥全集》(中国书店,1985年版)卷十六集杜诗载:

张制置珏第五十一

蜀之健将,元与昝万寿齐名,昝降,张独不降,行朝擢授制阃,未知得拜命否。蜀虽糜碎,珏竟不降,为左右所卖,珏觉逃遁,被囚锁入北,

不肯屈，后不知如何。

  气敌万人将，（《杨监画鹰》）

  独在天一隅。（《遣怀》）

  向使国不亡，（《九成宫》）

  功业竟何如。（《别张建封》）

2. 戴蕃瑨题辞

  此题刻位于护国门内左侧石壁上，系合川人戴蕃瑨于1981年参加钓鱼城历史学术讨论会后所题，其弟所书，正文为篆书，题记和落款为楷书。内容如下：

> 建国后第一辛酉秋季
> 江水千古
> 民族千古
> 县人戴蕃瑨题
>   戴蕃瑧书

3. 郭沫若题诗

　　此题刻位于护国门外左侧石壁上，在雄关险道题刻起点和明代徐澜题刻之间。此诗系郭沫若于1942年登钓鱼城考察时所作，后钓鱼城管理处于1991年刻石。内容如下：

> 魄夺蒙哥尚有城，危崖拔地水回萦。
> 冉家兄弟承璘玠，蜀郡山河壮甲兵。
> 卅载孤撑天一线，千秋共仰宋三卿。
> 二臣妖妇同祠宇，遗恨分明未可平。
> 　　　　　一九四二年二月　郭沫若

注：

此诗在郭沫若1942年所作《钓鱼城访古》一文中，原载于1942年8月15日《说文月刊》第三卷第七期，现见于《郭沫若全集》历史编第三卷，人民出版社，1984年版。

4. 颜明题诗

此题刻位于护国门至始关门之间步行石梯左方一独立的石头上，包含一条深雕鲈鱼和一首诗，据刘道平《钓鱼城的历史和文化》载，此题刻系合川人颜明1996年回乡省亲时所作，由钓鱼城管理处刻。内容如下：

> 三江总汇拥关河，劲节千秋钓鱼歌。
> 从宋三载将不屈，炮声导向殒蒙哥。
> 录在一九九六年秋，绘书合阳钓鱼山人颜明，雕刻吴永模。

5. 杨超题辞

此题刻位于始关门外左侧石壁上，系四川省政协主席杨超于1985年视察钓鱼城时题辞，内容如下：

> 上帝之鞭
> 折此城下
> 杨超　十二月八日

公元一九八五年十二月八日，四川省政协主席杨超同志视察钓鱼城题词。

一九八六年，钓鱼城管理处敬刻。

6. 陈毅题诗

　　此题刻位于始关门外左侧石壁上，杨超题辞之左，系陈毅于1927年登钓鱼城口占一诗，钓鱼城管理处于1991年将此诗刻于石壁。内容如下：

钓鱼城何处，遥望一高原。
壮烈英雄气，千秋尚凛然。
　　陈毅　一九二七年春

注：
据钟秀金主编《钓鱼城陈列展示文丛》第6辑《历代摩崖题刻》中称，1926年，陈毅受党组织派遣，到驻合川四川陆军第三师政治部以组织科长身份从事军运工作，1927年春与同事范士英同游钓鱼城，并口占诗一首，随即发表在该师政治部创办的期刊《武力与民众》上。后1980年《合川文艺》第三期收录有此诗。

7. 黄文庆书清代罗愔《钓鱼城赋》题刻

此题刻位于水军码头石梯处第三层平台石壁上，由合川当代书法家黄文庆书写，内容是清代翰林罗愔所作《钓鱼城赋》，钓鱼城管理处1987年刻石。内容如下：

钓鱼城赋

清 翰林 罗愔

合阳之东，有山特出，势自北而绵延，形拱西而位置，屹然石壁，面襟江者，三刃矣。刀梁径窄，狭者无二。蜿蜒鸟道，侧目骇而神惊；嵯嶪鸡头，举足虞失其次。周回数十百里，惟羽族始能飞来；俯视二千余寻，即猿猱亦难攀至。上指重霄，下临无地。

当夫大元受命，炎宋南迁，东京失守，蜀国幸全。元人整旅而直捣，众士望风而靡然。俶离妇子，目极烽烟。守城倍难于守土，防敌更甚于防川。尔乃余公竭忠，参谋两冉，指斯城而献策，借崇山以设险。因隘建关，相形成嶮。远观毫末无遗，近窥虚实指点。战守两得其便易，敌人望之而生俨。若乃糗粮有备，樵采无忧，七十余泉，甘而不竭，十千为耦，易彼田畴。廪粟余赢，足保来归之众；池鳞于牣，悉免下箸之愁。宵鸣刁斗以戒严，昼督壮夫而登邱。贼至，乃努力齐下，木石兼投，大炮遥击夫江岸，钓绳阻截于洪流。蒙哥伤首而陨命，禅将束手而寡筹。诚巴渝之保障，合阳之金瓯。尤且委饼示富，掷鱼夸矜，修宫造殿，立志中兴，丹心云表，浩气霄凌。忽忠志之不遂，失巴渝之莫应。时势难挽，寇盗相陵。因全民而顺令，非智力之鲜能。当其余、冉已逝，张、王继艰，先后尽瘁，运筹同般。飞鸟名楼，篆碣犹存荒岭；中原独钓，绰楔巍立高山。半池清流，四壁雄关，胜迹昭昭而可指，英风赫赫而若还。

独怪夫世事相同，智愚不若。宋人屯积而保城，明季昏庸而忍捨。献忠缓步而来蹂，姚黄优游而投马。靡有孑遗，摧如崩瓦。岂攘攘之异志乎？抑苍苍之不属也。后来之不克绍，徒贻笑于前者，空令我身亲而生慨，对鱼城而泪洒。

丁卯冬月 黄文庆书

笔者按：

此题刻所书罗愔《钓鱼城赋》并非全文，删去了该赋首段，现据乾隆五十四年《合州志》卷十四《艺文志》补充于下：

钓鱼城赋（以地险山川丘陵也为韵）

翰林罗惜

合阳之东有山曰钓鱼城，俯视大江，壁立千仞，其上有田可耕，有薪可采，宽容十余万人。宋末，州守筑之以御元也，志复中兴，元兵莫破，乃请其亲招服之，许以不戮一人，始开关顺命。志虽未遂，可传青史，嘉宋人之功能，嗟明季之愚昧。余同刺史仰望遗迹，慨然有感而作赋。其词曰。

另，该题刻与《钓鱼城赋》原文有不同之处，现罗列如下。

第一处，题刻中"面襟江者，三艻矣"，原文作"面襟江者，居三艻矣"。

第二处，题刻中"俯视二千余寻"，原文作"俯视二千余仞"。

第三处，题刻中"因隘建关，相形成嵌"，原文作"因隘建关，相形作险"。

第四处，题刻中"贼至，乃努力齐下"，原文作"贼至，则努力齐下"。

8. 周浩然书南宋刘克庄《蜀捷》题刻

此题刻位于水军码头石梯处第二层平台石壁上，由当代书法家周浩然书写，内容是南宋诗人刘克庄所作《蜀捷》一诗，钓鱼城管理处1987年刻石。内容如下：

> 蜀捷
> 吠南初谓予堪侮，折北俄闻彼不支。
> 挞览果歼强弩下，男章有入槛车时。
> 钟繇捷表前无古，班固铭诗继者谁。
> 白发腐儒心胆薄，一春林下浪攒眉。
> 　　　　　丁卯冬 周浩然书

注：
石刻误作"男章"，据刘克庄《蜀捷》，原诗为"鬼章"。

笔者按：

钓鱼城管理处将此诗刻于此，或许是有学者认为此诗与元宪宗攻钓鱼城而死之事有关，如秦立《钓鱼城诗选》、刘道平《钓鱼城的历史与文化》、王利泽《钓鱼城诗词释赏》等书中皆收录有此诗。但此诗是否与钓鱼城之战相关，尚存疑问。

当代学者辛更儒在《刘克庄集笺校》（中华书局，2011年版）卷二十三中对此诗注解道："所谓蜀捷，应即合州之捷，然其详情，史书已不载，本书卷二十四《无题二首》中有'佛狸死卯竟讹传'句，知颈联'挞览果歼强弩下'盖当时流传之消息，时蒙古宪宗并未亲临蜀中监战。"

对此，笔者尝试进一步推测。

第一，从诗作时间上来看，"蜀捷"的时间和元宪宗死于钓鱼城的时间有矛盾。元宪宗攻钓鱼城致死在开庆元年（1259年），已为确论，《元史》卷三《宪宗纪》："宪宗九年（即宋开庆元年）秋七月癸亥，帝崩于钓鱼山，寿五十有二，在位九年。"然"蜀捷"字样在关于宋史的史书中出现的时间一为"宝祐三年"，如《宋史全文》卷三十五：

"宝祐三年十二月甲申，上谕辅臣：'蜀报敌势颇重，间虽小捷，未闻有敢于一战者，宜大明赏罚以激劝之。'"（佚名撰，汪圣铎点校，《宋史全文》，中华书局，2016年版）

一为"宝祐四年"，如《宋史》卷四十四：

"宝祐四年春正月……庚申，蜀阃奏捷。"（脱脱等撰，《宋史》，中华书局，1977年版）

如《宋季三朝政要》卷二：

"宝祐四年……蜀中得捷奏，加警备，因蜀捷趣上功，恤流离，优恤援蜀戍兵。"（无名氏撰，王瑞来笺证，《宋季三朝政要笺证》，中华书局，2010年版）

如《宋史全文》卷三十五：

"宝祐四年二月甲子，上谕辅臣：'蜀中一捷甚伟，自此益加戒备，不可一日稍缓。'"

由此可推测出"蜀捷"在宝祐四年（1256年）的可能性较大。虽然"蜀捷"的具体史事已无从得知，但元宪宗死于合州一事，史书并未记作"蜀捷"，而是作"合州围解"。如《宋史》卷四十四《理宗纪四》：

"开庆元年……八月乙酉，降人来言，大元宪宗皇帝崩于军中……九月庚午，合州围解，诏王坚宁远军节度使……十月庚辰，诏：合州围解，宣阃制臣及二三大将之功，宜加优赏。"

如《宋史全文》卷三十六：

"开庆元年……十月庚辰，诏：合州围解，坤维顿清，皆宣阃指授之功与制臣调遣之力……"

如《续资治通鉴》卷一百七十五：

"开庆元年……秋七月癸亥，蒙古主殂于钓鱼山，史天泽与群臣奉丧北还，于是合州围解。"（毕沅编，《续资治通鉴》卷一百七十五，中华书局，1979年版）

又辛更儒在《蜀捷》诗所属第二十三卷下注有："本卷诗，起宝祐三年乙卯（1255年）岁杪，迄四年丙辰夏，奉祠家居诸作。"故《蜀捷》一诗极有可能作于宝祐四年。

第二，从诗作内容上看，此诗语义不详，很难断定是刘克庄听闻元宪宗战死于合州城而作。"挞览果歼强弩下，鬼章有入槛车时"一句是用历史典故，"挞览"，即萧挞览（又作萧挞凛），辽国大将，在和宋军交战中死于强弩之下，《辽史》卷八十五列传第十五："萧挞凛……进至澶渊，宋主军于城隍间，未接战，挞凛按视地形，取宋之羊观、盐堆、凫雁，中伏弩，卒。"（脱脱等撰，《辽史》卷八十五，中华书局，1974年版）

"鬼章"，即吐蕃青唐羌酋长，在与宋军交战中被俘，《宋史》卷四百九十二《外国传八》"吐蕃"："元祐二年，遂逼鬼章，使率众拒洮州……鬼章又使其子结呎龊入寇……八月，鬼章就擒，槛送京师。"

故"挞览"和"鬼章"是指代外族入侵将领。这虽与元宪宗的外族身份相吻合，但并不足以证明此诗和元宪宗有关，"挞览果歼强弩下"，可能指蒙古军中某一将领被射杀，"鬼章有入槛车时"，可能指俘获了敌方将领，综合来看，被射杀的将领难辨其人，并不一定指元宪宗，且元宪宗伤死之际，未见史料证明宋军俘获了蒙军。刘克庄《淮捷》一诗中有"传闻挞览毙一矢，惊走单于骑六羸"之句，如果抛开题目，只看句意，是否也可认为此诗是指代元宪宗战死钓鱼城下呢？辛□□笺注道："淮捷，宝祐六年九月，蒙古军帅也柳千攻入淮南，扬州□□□□□李花被俘。"显然不能妄加附会，因为在战争中死于□□□□□□领难计其数，并不一定是指元宪宗。

综上，从"蜀捷"的时间和诗意来看，刘克庄《□□》□元宪宗死于合州钓鱼城一事是否有联系，有待进一步论证，且历代《合州志》均未收录《蜀捷》一诗，故相关人员在开发钓鱼城时，将此诗刻于石壁，应当慎重。

9. 现代"钓鱼城"题刻

此题刻位于水军码头石梯处第一层平台石壁上，是乾隆四十五年（1780年）沈怀瑗"钓鱼城"题字的复制品，钓鱼城管理处1987年刻石，内容见上文。

(二) 雄关险道题刻

雄关险道是蜿蜒在悬空卧佛岩下山崖间的一条小道，东起于钓鱼城护国门外"钓鱼城"摩崖题刻西侧路口，西止于王坚纪功碑亭南侧与薄刀岭的交叉路口。据钟秀金主编《钓鱼城陈列展示文丛》第7辑《雄关险道石刻》记载，2006年6月，钓鱼城古战场遗址博物馆在维修雄关险道的同时，从博物馆馆藏名人书法作品中遴选出28幅作品，凿刻于此，遂为雄关险道题刻。其中有李鹏、周谷城、邹家华等党和国家领导人的题辞，及王蒙、邓少琴、胡昭曦、王利器、陶道恕、段文杰、徐无闻、梁上泉、魏宇平等著名学者、作家、诗人、书法家的墨迹。

因1981年召开了全国性的钓鱼城历史学术讨论会，1989年又举办了钓鱼城国际学术讨论会，所以钓鱼城的名气越来越大，随之就有了大量名人的墨迹。这部分题刻的内容都是20世纪80年代、90年代的作品，包括诗词、题字、题辞等，内容较为丰富，现按自东向西的顺序依次罗列如下。

1. 李鹏题辞

此题刻系国务院原总理李鹏于1987年所题，内容如下：

> 横扫欧亚无敌手，一代骄子折钓鱼。
> 一九八七年四月廿二日
> 　　李鹏题

2. 邹家华题辞

此题刻系国务院原副总理邹家华于1987年所题,内容如下:

> 万古千秋
>
> 邹家华书于钓鱼城
>
> 一九八七年四月廿二日

3. 周谷城题辞

此题刻系历史学家周谷城于1991年所题,内容如下:

坚守钓鱼城

周谷城题

4. 钱敏题诗

此题刻系钱敏于1986年访钓鱼城所题，内容如下：

> 钓鱼城筑抗蒙兵，孤城坚守卅六春。
> 七百年前英雄史，慷慨悲壮育后人。
> 　　　　一九八六年十二月访古钓鱼城　钱敏

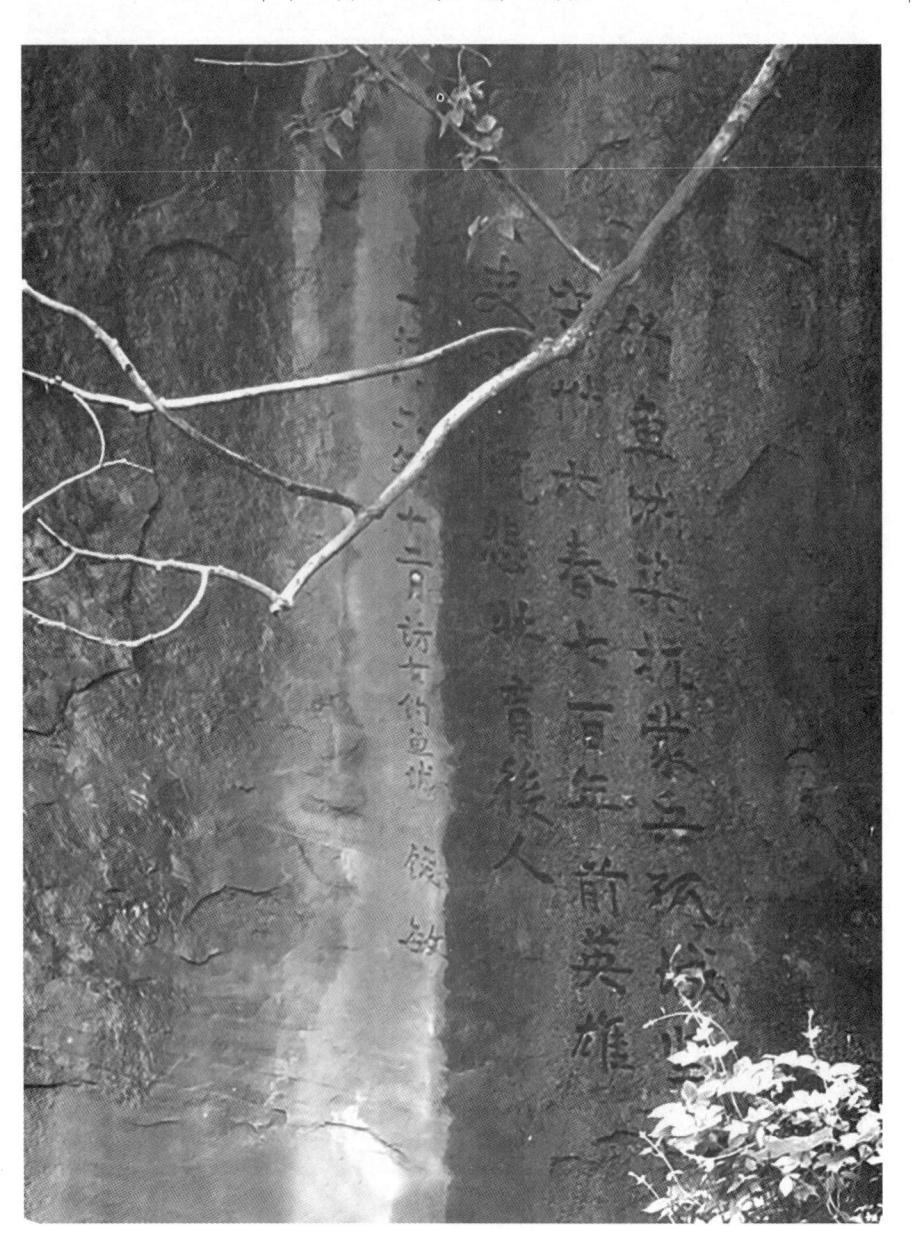

5. 王蒙题辞

此题刻系当代著名作家王蒙于1986年所题,内容如下:

> 题钓鱼城
> 甚可观也
> 　　丙戌夏 王蒙

6. 苏星题辞

此题刻系经济学家苏星题于1992年，内容如下：

英雄盖世
光照千秋
　　苏星
一九九二年七月

7. 何郝炬题辞

此题刻系四川省委原副书记何郝炬于1986年所题，内容是：

锁钥三江

何郝炬

丙寅夏日

8. 何若泉题辞

此题刻系国家旅游局原副局长何若泉于1992年所题，内容如下：

一代风华

壬申　钓鱼城博物馆嘱书　何若泉题

9. 刘白羽题诗

此题刻系中国作协原副主席刘白羽所题，内容如下：

> 孤城雄峙万重山，砥柱胡风卷巨澜。
> 日落日出千古事，不争不斗不能前。
> 　　钓鱼城博物馆惠存　刘白羽

10. 张殷白题诗

此题刻系重庆市文联原主席张殷白于1989年所题，内容如下：

> 与默涵、白羽、汪琦、孙岩诸老友同瞻钓鱼城留句纪念
>
> 两家四友北京来，疑是当年共延安。遗勇同攀钓鱼城，豪情正合气登台。
>
> 危城不孤今犹在，环宇此日亦可哀。安得先贤剑三尺，降旗斩落红旗前。
>
> 日暮灯花对客开，巴山今夜话延安。凿得昆仑源头在，总有长江滚滚来。
>
> 留请合阳周北溪暨诸先生斧正。 己巳 殷白。

11. 林默涵题辞

此题刻系中国文联原党组书记林默涵于1989年所题，内容如下：

固若金汤万众折

爱国精神千古存

钓鱼城博物馆雅属

　　林默涵　一九八九年九月

12. 邓少琴题辞

此题刻系文史学家邓少琴1981年游钓鱼城时所题，内容如下：

> 一九八一年十月十七日重游古钓鱼城
>
> 与南宋共存亡
>
> 　　邓少琴书　时年八十六

13. 胡昭曦题诗

此题刻系四川大学史学家胡昭曦1989年所题，内容如下：

> 五上鱼山觅古踪，频添霜发意犹浓。
> 四方学人共探究，无涯学海济舟同。
> 庆祝中国钓鱼城暨南宋后期历史国际学术会议讨论会举行
> 胡昭曦撰，邹富明书。
> 一九八九年十月二十七日

14. 王利器题诗

此题刻系北大教授王利器于1986年所题，内容如下：

> 守土若金汤，蒙哥阵下亡。
> 计年三十六，又是一襄阳。
> 一九八六年游钓鱼城留题
> 　　　　江津王利器

15. 陶道恕题词

此题刻系四川大学中文系教授陶道恕于1991年题，内容如下：

血战歼骄主，书勋冠蜀州。控双江、三面环流。一柱鱼台支半壁，留正气，照千秋。

诸葛期延祚，子房志复仇。倚军中、十万貔貅。兰秀菊芳怀壮烈，光故垒，启新猷。

调寄南楼令 寄怀合川钓鱼城

辛未仲冬 陶道恕撰书

16. 罗中典题辞

此题刻系北碚图书馆原馆长罗中典（合川人）于1981年所题，除题记落款外，主要部分用篆书写成，内容如下：

> 辛酉季秋随七省县市钓鱼城历史学术讨论会与会诸同志考察钓鱼山抒怀
>
> 前有古人，后多来者。
> 名山胜会，历史新写。
> 缅彼英烈，风靡四野。
> 力促四化，锲而不舍。
> 合川钓鱼城文管所
> 县人罗中典记，皖南许半侬书。

17. 邓茂华题辞

此题刻系北京书法家协会会员邓茂华于1993年所题，内容如下：

> 天地大观
> 癸酉年春月 茂华书京

18. 黄乾孟题辞

此题刻系书法家黄乾孟1992年所题，内容如下：

> 精魂
> 钓鱼城七百五十年大庆
> 黄乾孟书于壬申冬月

19. 张云鹤题辞

此题刻系武汉大学世界史专家张云鹤于1989年所题，内容如下：

> 西方史书只称蒙哥死，旭烈兀东归争位，遂使蒙古军如强弩之末，败于巴勒斯坦，北非得以保全。殊不知，我钓鱼城数万军民浴血抗战，使蒙哥死于东郊，对西亚、北非影响至深且巨。愿我国治东西交通史者，着眼于多民族之斗争与团结，使钓鱼城历史播于全球。
>
> 武汉大学张云鹤敬书。一九八九年十一月十三日。

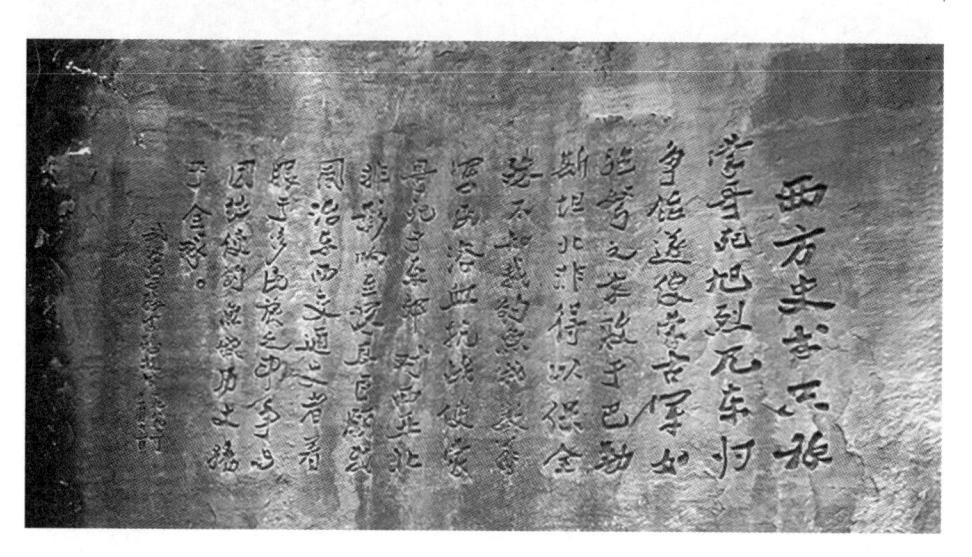

20. 魏宇平题词

此题刻系重庆文史馆原研究馆员魏宇平于1991年所题，内容如下：

> 钓鱼城上，望江流浩淼，山峦重叠。当日鏖兵形胜地，满目残阳如血。呐喊惊天，旌旗蔽垒，烽火连朝夕。肝脑涂地，一时多少豪杰。
>
> 讵料暗室藏奸，丧心狂悖，里外相勾结。三十六年光万丈，一旦烟消云灭。亭峙危崖，碑留残字，商略昭英烈。心潮澎湃，人来长吊遗迹。
>
> 钓鱼城抒怀 调寄念奴娇一阕
>
> 辛未岁末黔东魏宇平撰书

21. 梁上泉题诗

此题刻系重庆作协原副主席梁上泉1992年所题，内容如下：

> 三江交汇处，故垒钓鱼城。
> 形势称奇险，军民皆俊英。
> 折鞭欧亚震，拥国鬼神惊。
> 千古雄风在，同钦壮士名。
> 钓鱼城怀古之一
> 一九九二年冬梁上泉诗并书

22. 孙云东题辞

此题刻系书法家孙云东所题,内容如下:

> 浩气
> 钓台久未来,又八百春,渔竿依旧垂天地。
> 　　　　　　　　　　　　云东书

23. 徐无闻题词

此题刻系西南师范大学教授徐无闻于1984年所作《水龙吟》一词，内容如下：

> 嘉陵回绕危城，遗恨千年难流去。比嵩峻极，拟华万仞，乾坤正气。上帝之鞭，血腥欧亚，终摧斯处。看苍冈赭壁，荒垣败垒，今犹记，支撑苦。
>
> 忍把民心辜负，尽偷安、西湖歌舞。金汤众志，本应兴复，亡秦三户。竹茂泉甘，麦黄秧绿，果真吾土。愿炎黄裔胄，春兰秋菊，拜擎天柱。
>
> 调寄水龙吟
> 合川钓鱼城留题 一九八四年四月 成都徐无闻

24. 易锦章题辞

此题刻系合川书法家易锦章于1998年所题，正文为篆书，落款为楷书，内容如下：

> 鱼城烟雨
> 一九九八年戊寅岁之秋
> 市人九十一叟易锦章书

25. 许志杰题辞

此题刻系书法家许志杰于1992年所题，内容如下：

一钓千古风流
无鱼万代留名
壬申年许志杰题

26. 梁白泉题诗

此题刻系南京博物院原院长梁白泉（合川人）于1992年所题，正文为篆书，落款为楷书，内容如下：

> 钓鱼城感怀
> 府爷赐我一飞舟，江上碧流任逐游。
> 归念家山山水好，折鞭故事震华欧。
>
> 壬申年冬日　梁白泉书

27. 段文杰题辞

此题刻系学者段文杰于1992年所题，内容如下：

> 英雄钓鱼城
> 段文杰 壬申十月

28. 邢涛题辞

此题刻系书画师邢涛所题，内容如下：

雄关险道

邢涛

第二节 新中国成立之后的摩崖题刻及碑刻的特征及其价值

(一) 新中国成立之后的摩崖题刻及碑刻的特征

新中国成立之后的石刻数量较多，从时间上来看，有一部分刻于20世纪80年代至90年代之间，其中有些是补刻前人之作，如周北溪书南宋文天祥《悼制置使张珏》题刻，周浩然书南宋刘克庄《蜀捷》题刻，黄文庆书清代罗憎《钓鱼城赋》题刻，陈毅题诗，郭沫若题诗。有一部分刻于2006年打造雄关险道之时，这是一次较有系统规划的刻石活动。从内容上来看大致可分为两类，一是诗词创作类，多为咏史怀古之作，二是单纯的题辞、题字类。

(二) 新中国成立之后的摩崖题刻及碑刻的价值

1. 反映了当代对钓鱼城的宣传和开发过程

钓鱼城管理处补刻前人之作，如陈毅题诗、郭沫若题诗等，即是为了挖掘历史资源，进一步宣传钓鱼城。又如在1981年和1989年举办的两次学术会议，吸引了更多的人关注钓鱼城，这在雄关险道石刻中即可为证。

甚至在打造雄关险道时选取的28幅诸多名人的作品，其本身也是在宣传和开发钓鱼城，体现出一定的时代意义。

2. 体现出当代对钓鱼城精神的继承和发扬

如罗中典题辞中的"缅彼英烈，风靡四野。力促四化，锲而不舍"。如陶道恕题词中的"兰秀菊芳怀壮烈，光故垒，启新猷"。如林默涵题辞"固若金汤万众折，爱国精神千古存"。如钱敏题诗中的"七百年前英雄史，慷慨悲壮育后人"。如张云鹤题辞中的"愿我国治东西交通史者，着眼于多民族之斗争与团结，使钓鱼城历史播于全球"。

附：

钓鱼城现存有待考证的摩崖题刻

经实地考察及前人书中记载，钓鱼城内还有一些残存的摩崖题刻，因人为损坏及自然风化等因素，难以识别，故汇集于此，以待考证。这类题刻可分为四个区域：一在钓鱼台至卧佛之间的石径小道左方石壁，共计7处；二在卧佛周围，共计9处；三在九口锅遗址正下方上天梯处，共计4处；四在九口锅遗址左下方石径小道两侧石壁，共计5处。以上共计25处题刻，仅为目前可知，或许还有遗漏。另外，吴大澂《蜀中古刻补编》一书中收录有钓鱼城的16种题刻，前人皆未发现，颇具文献价值，特一并附录于后，以资考证。

一、经实地考察，在钓鱼台至卧佛之间的石径小道左方石壁上有一些题刻，文字风化及损毁严重，难以识别，赵希昔酌别题刻之右有3处，杜国光饮饯题刻之左有4处，共计7处，存此备考。

（一）赵希昔酌别题刻之右

(二) 杜国光饮饯题刻之左

二、据蒋晓春等编《南宋末川渝陕军事设施的调查研究》第四章"钓鱼城地面文物"所录及实地考察，在卧佛周围有一些残存题刻及不明题刻，共计9处。

（一）卧佛正下方至明代王世沉题刻之间

1.开封□熙癸丑春，应举□□弟仲，因恩□□□□□□□。

2.□□□□山假□□归□□□□东沂尉行之母……冬二……

3.□□□入奉以别□德纯□纯圣□□□□会□结社于人□□巳……

4.□三伏□□□□钓□之……阁□□□□□

5.文字风化严重，无法识别。

（二）卧佛头部之左与南宋李壁记游题刻之间

1.……合州□人……国……惠民……

2.……之子□□猷行□之子□□侄奕言得□□□德性共焉。

（三）明代王世沆题刻之左

1. 风化严重，无法识别。
2. 风化严重，无法识别。

三、经实地考察，在九口锅遗址正下方上天梯处的民国时期"忠勇坚贞"题刻的两边各有两处题刻，共计4处。

（一）民国时期"忠勇坚贞"题刻之右

1. 风化严重，暂未见文字。
2. 风化严重，暂未见文字。

（二）民国时期"忠勇坚贞"题刻之左

1. 此题刻人为破坏痕迹明显，加之风化严重，难以识别，仅可勉强辨认其标题：□（疑为"都"）统安□环□将军王公□（疑为"坚"）祠堂记。若推测无误，此题刻应是南宋末年王坚的祠堂记，存此备考。

· 185 ·

第五章 新中国成立之后的摩崖题刻及碑刻

2.此题刻人为破坏痕迹明显,加之风化严重,难以识别,疑为南宋末年所刻,存此备考。

四、经实地考察,在九口锅遗址左下方石径小道两侧石壁上共有6处题刻,石壁右侧有5处,其中已识别1处为"圣宋以仁立国"题刻,其余4处疑皆为南宋末年所刻,与钓鱼城战事相关,石壁左侧还有1处。以上题刻皆因人为损坏及风化严重,难以识别,存此备考。

(一)石径小道右侧石壁

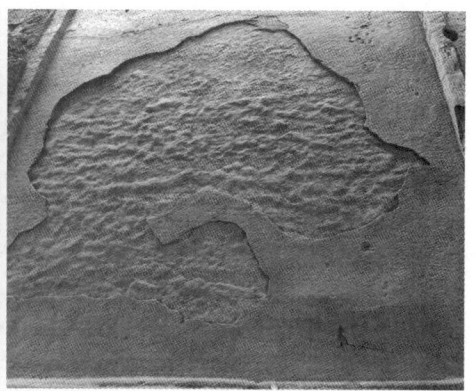

（二）石径小道左侧石壁

五、吴大澂《蜀中古刻补编》中关于钓鱼城的题刻

上海图书馆藏有《愙斋公手书三种》，封面注有"己未秋月装潢"，故疑其手稿未能刊行，其中第一种为《蜀中古刻补编》一卷。愙斋公，即吴大澂（1835年—1902年），号愙斋，江苏吴县（今江苏苏州）人，同治七年（1868年）进士，清代官员、金石学家、古文字学家、书画家，《清史稿》列传二百三十七有传。观其经历，未见入蜀，不知其《补编》内容从何而来，或许是雇人寻访，或许是与其交游之人提供，暂且存疑。

《蜀中古刻补编》正文首页于书题下自注"皆《金石苑》所未收者"，查《金石苑》一书，乃金石学家刘喜海所编。刘喜海（1793年—1853年），字燕庭，山东诸城人，道光二十五年（1845年）任四川按察使，两年后迁两浙布政使。《金石苑》当是其所编金石系列著作之总名，实际名称为《三巴𦤀古志》，书中收录了蜀中汉代至宋代的金石碑刻，其中与合州相关者，仅有几种龙多山的碑刻，却无钓鱼城相关碑刻。故吴大澂称其《补编》"皆《金石苑》所未收者"，确然。

现将《蜀中古刻补编》中关于钓鱼城的题刻按顺序录于下：

第一，三世佛名，石曼卿，正书，□□跋，正书，乾道元年正月。

第二，开封张□老等题名，吕元锡，分书，乾道三年四月。

第三，飞鸟楼，李如晦，篆书，乾道七年辛卯。

第四，范西、庄廷、杜光培题名，正书，乾道七年七月。

第五，刘□质等题名，正书，淳熙元年。

第六，丁梦□等题名，正书，淳熙元年。

第七，遂宁冯绍祖、继祖题名，分书，淳熙三年丙申九月。

第八，尉唐□志、赵□义、士何□造城残碑，分书，淳熙五年戊戌。

第九，开封李□题名，正书，淳熙十年癸卯十二月。

第十，眉山□子重题名，正书，淳熙十六年己酉。

第十一，刘晞题名，分书，嘉泰二年壬戌。

第十二，前进士阳枋序残字，正书，咸淳三年丁卯。

第十三，杨令榘题名，正书，咸淳十年甲戌。

第十四，罗塈等题名，正书。

第十五，钓鱼城题诗，正书。

第十六，钓鱼城题诗，行书。

以上共计16种题刻，皆为宋代所刻，并有书体及年月。正书，即楷书。分书，是隶书的一种，带有明显波磔特征，又称八分书、分隶。惟最后三种题刻未注明年月，或是与前一种题刻时间相同，都为咸淳十年，吴

大澂手稿将其省略，或是不明年月，暂且缺如。

其中与前文所录题刻重见者有四种：三世佛名，即佛号摩崖；开封张□老等题名，即吕元锡记游；飞鸟楼，即"飞鸟楼"碑刻；丁梦□等题名，即丁梦臣饯别。

其中与前文所录题刻人名互见者有两种。一是咸淳十年（1274年）杨令榘题名，杨令榘，又见于嘉定十三年（1220年）赵希昔饮饯题刻中，"赵希昔同武信杨令榘……饮饯于此"，由此推测，杨令榘先是作为赵希昔饮饯的陪同之人出现，后来又有单独题名，故二者当为两种不同题刻。二是罗垻等题名，罗垻，又见于"八日讲"残刻中，"新鱼关监廪阎中罗垻和父"，民国《合川县志》所录未记年代，但张森楷案语注明其为正书，与吴大澂所注相同，且题刻原文中首次出现人名即为罗垻，故推测二者为同一题刻。

其中与前文所录待考题刻吻合者有一种，即淳熙三年丙申（1176年）九月遂宁冯绍祖、继祖题名，见待考题刻杜国光饮饯题刻之左第一张图片。

其中似有可考者，惟咸淳三年（1267年）前进士阳枋序残字。阳枋（1187年—1267年），字宗骥，合州巴川县（今重庆铜梁）人，淳祐四年（1244年）赐同进士出身，有《字溪集》十二卷存世。查《字溪集》，与钓鱼城相关者，有《庚子叨第赘合州甘守》诗两首，《上宣谕余樵隐书》《余大使祠堂记》文两篇，然皆非序。其序见《字溪集》卷八，有《家忌图序》《送张都统序》《送王使君序》共三篇，其中仅《送张都统序》较为符合。张都统，或为张珏，然其序文中并未指明为何人，故不敢妄断，存此备考。

除上述列举题刻之外，其余实难考证，以俟后之有识者。

参考文献

1. ［宋］祝穆撰、祝洙增订，施和金点校：《方舆胜览》，中华书局，2003年版。

2. ［宋］王象之撰：《舆地纪胜》，中华书局，1992年版。

3. ［宋］王象之撰：《舆地碑记目》，钦定四库全书本。

4. ［宋］刘克庄撰，辛更儒笺校：《刘克庄集笺校》，中华书局，2001年版。

5. ［宋］文天祥撰：《文天祥全集》，中国书店，1985年版。

6. ［元］脱脱等撰：《宋史》，中华书局，1977年版。

7. ［元］佚名撰，汪圣铎点校：《宋史全文》，中华书局，2016年版。

8. ［元］无名氏撰，王瑞来笺证：《宋季三朝政要笺证》，中华书局，2010年版。

9. ［明］刘大谟、杨慎等纂修：嘉靖《四川总志》，北京图书馆古籍珍本丛刊第42册影印本，书目文献出版社，1998年版。

10. ［明］刘芳声修、田九垓纂：万历七年《合州志》，合川县图书馆石印本，1978年版。

11. ［明］张文耀修、邹廷彦纂：万历三十四年《重庆府志》，上海图书馆藏稀见方志丛刊第209册至213册影印本，国家图书馆出版社，2011年版。

12. ［明］曹学佺撰：《蜀中名胜记》，明万历刻本。

13. ［明］张佳胤撰：《居来先生集》，《四库全书存目丛书补编》第51

册影印万历二十二年刻本，齐鲁书社，2001年版。

14.〔明〕陈文烛撰：《二酉园诗集》，《四库全书存目丛书》集部第139册影印天启三年刻本，齐鲁书社，1997年版。

15.〔明〕朱孟震撰：《河上楮谈》，《四库全书存目丛书》子部第104册影印万历刻本，齐鲁书社，1995年版。

16.〔清〕宋锦修、刘桐纂：乾隆十三年《合州志》，故宫珍本丛刊·四川府州县志（第十一册），海南出版社，2001年版。

17.〔清〕周澄修、张乃孚纂：乾隆五十四年《合州志》，嘉庆八年增刻本。

18.〔清〕费兆钺修、程业修纂：光绪四年《合州志》，光绪四年刻本。

19.〔清〕王梦庚修、寇宗纂：道光《重庆府志》，道光二十三年刻本。

20.〔民国〕郑贤书修、张森楷纂：民国新修《合川县志》，民国十年刻本。

21.西南师范学院历史系编：《钓鱼城史实考察》，四川人民出版社，1961年版。

22.西南师范学院历史系、合川县历史学会编：《钓鱼城历史学术讨论会论文资料集》，1982年版。

23.唐唯目编：《钓鱼城志》，重庆出版社，1983年版。

24.郭沫若著：《郭沫若全集》历史编第三卷，人民出版社，1984年版。

25.刘道平编：《钓鱼城与南宋后期历史——中国钓鱼城暨南宋后期历史国际学术讨论会文集》，重庆出版社，1991年版。

26.合川历史学会编：《合川史学通讯》第6期，1994年版。

27.四川省合川县地方志编纂委员会编：《合川县志》，四川人民出版社，1996年版。

28.刘基灿：《钓鱼城碑刻初探》，载于西南师范大学学报（哲学社会科学版），1997年第4期。

29.刘基灿主编：《古钓鱼城》，天地出版社，2001年版。

30.刘道平编著：《钓鱼城的历史与文化》，中央文献出版社，2006年版。

31.钟秀金、池开智等编：《钓鱼城陈列展示文丛》，西南师范大学出版社，2011年版。

32. 黎春林：《明"五岳山人"诗碑、"铜梁山人"诗碑考——兼与张森楷先生商榷》，载于《西南交通大学学报》，2011年5月，第12卷第3期。

33. 王利泽、王中格编著：《钓鱼城》，重庆出版社，2012年版。

34. 钓鱼城风景名胜区管理局、钓鱼城古战场遗址博物馆编：《2015年钓鱼城国际学术会议论文集》，重庆出版社，2016年版。

35. 邹国力：《抗战时期合川钓鱼城题刻的艺术价值及历史意义》，载于《红岩春秋》，2016年刊。

36. 张文、孙丰琛编：《钓鱼城历史文献汇编》，重庆出版社，2020年版。

37. 蒋晓春、蔡东洲等著：《南宋末川渝陕军事设施的调查研究》，重庆出版社，2020年版。